AF261880

CONSIDÉRATIONS

ANALYTIQUES,

EXAMEN CRITIQUE

de l'ouvrage intitulé :

L'AVENIR DE LA FRANCE.

Lyon. — Imprimerie Dumoulin et Ronet, rue Centrale, 20.

CONSIDÉRATIONS

ANALYTIQUES,

EXAMEN CRITIQUE

de l'ouvrage intitulé :

L'AVENIR DE LA FRANCE

DE C. F. NICOD, CURÉ DE LA CROIX-ROUSSE,

SUIVI D'UN

APERÇU SUR LE MANDEMENT ET LA CIRCULAIRE

de Mgr le Cardinal-Archevêque de Lyon.

Par L. M. P.

Errare humanum est......

PARIS ET LYON.

IMPRIMERIE DUMOULIN ET RONET, LIBRAIRES,

Rue Centrale, 20, (allée de l'homme d'Osier).

Et chez les principaux Libraires.

—

1851.

CONSIDÉRATIONS

ET

EXAMEN CRITIQUE

de l'ouvrage intitulé :

L'AVENIR DE LA FRANCE.

La lecture de ce long et volumineux écrit de plus de 500 pages offre aux investigations de l'homme impartial quelques fleurs et beaucoup d'épines cachées, en général, sous un style animé, souvent gracieux, mais plus souvent encore avec des idées incohérentes et sans rapport avec le héros du sujet principal : c'est un champ semé de récriminations diverses, d'hypothèses, de comparaisons plus ou moins absurdes, résultat naturel d'une imagination ardente, impérieuse, qu'aigrit le moindre obstacle. On y rencontre ce zèle exagéré d'erreurs plus ou moins blâmables, du reste, peu dangereuses, par les préventions qu'on a d'avance contre les opinions politiques de l'auteur publiciste. Ce livre contient des erreurs politiques et religieuses, on n'en peut douter.

Errare humanum est, a dit un poète. Oui, l'erreur tient à la fragilité humaine, et l'on doit bien lui pardonner, surtout lorsqu'il y a retour vers un meilleur sens.

L'Écriture-Sainte nous montre au doigt la vérité; mais celui qui veut sonder l'abîme des secrets divins, et l'interpréter exclusivement dans son sens individuel, là le mystère est immense; la raison s'y confond. Qui passe le *Rubicon* spirituel se révolte. En vain invoque-t-il mille fausses marches et mille applications erronées et turbulentes : sur le sable des écueils l'homme se perd, s'il persévère sans bon guide et sans secours. *Diabolicum esset perseverare.*

Aussi nous ne nous étonnons pas d'avoir vu lancer du *Vatican* lyonnais la foudre mitigée du mandement archiépiscopal contre M. l'abbé Nicod... Ce mandement, dont nous donnerons en sa place quelques extraits sur les passages les plus saillants, se compose de 35 pages in-4°, imp. de Périsse, 2 février 1851. S'il fallait croire aux on-dit, ce serait l'*œuvre d'un Père de la Foi, fort mitigée.* Ce mandement, quoique long, porte juste sur les faits les plus graves. Cependant on ne confondra pas notre compatriote dans la foule de ces écrivains tristement féconds qui, dans leur cœur satanique, ne rêvent qu'utopies subversives pour renverser l'édifice moral et le sanctuaire domestique.

Certes, M. Nicod, préoccupé de Louis XVII, n'a pas pensé, comme le ferait penser la censure ecclésiastique, vouloir élargir la *brèche qui donne issue aux eaux amères d'une presse* démagogique et sans mœurs….. Aurait-il voulu entrer en société avec ces myriades d'esprits pervers et brouillons? Nous ne le pensons pas!

Certes, il n'a pas voulu ni pu vouloir défigurer les dogmes, mutiler les Saintes-Écritures, outrager son sacerdoce qui l'alimente, pour souiller le sanctuaire d'un scandale, fruit d'un zèle haineux, et que sais-je?.....

D'un autre côté, Monseigneur l'Archevêque déclare avec justice, page 7, que l'auteur lui avait toujours inspiré tant d'estime, par les qualités qu'il a reçues de la Providence, par son zèle à instruire ses paroissiens, etc.; nous avions une telle confiance, dit-il, dans la pureté de ses intentions, que nous ne pouvions, dit-il, nous résoudre à affliger son cœur par la censure de son écrit....

Mais enfin que le devoir imposé par le droit de défendre la vérité l'avait emporté sur toute autre considération.... Cependant on lit au verso du faux titre : *Ce mandement ne doit pas être lu en chaire.*

A l'appui de sa décision, l'auteur érudit du mandement ajoute que les Pères d'un Concile d'Arles disaient qu'au temps de la Primitive Église, au moment de condamner un novateur hardi, lorsque les fidèles étaient si constants dans la foi, si admirables par leur vertu, si brûlants de charité, on a pris des précautions si grandes, si intelligentes et si actives pour déjouer les desseins de perfides séducteurs, que ne devra-t-on pas faire dans les *derniers jours*, lorsque, au milieu des circonstances les plus pressantes, de faux prophètes paraîtront en disant : Le Christ est ici, etc. ? Labbe, act. conc., tom. vii, édit. 1714. Paris, conc. Arelat, an 1260, p. 510.

Aussi quand l'erreur fait irruption dans la cité de Dieu, de quelque part qu'elle vienne, quelles que soient les intentions qui l'inspirent, quelque spécieuses que soient les raisons dont on la colore, un évêque est obligé de la dénoncer, de la combattre, et de prémunir contre elle ses brebis, qu'il doit toujours nourrir d'une doctrine saine.

Ainsi, comme on le voit ici, nous analyserons au fur et mesure les passages principaux de l'auteur incriminé, laissant de côté le vague des matières indifférentes, pour et contre : nous ne devons pas abuser du droit de critique pour écraser le lion terrassé qui se soumet aux décisions de ses supérieurs et de l'Eglise, et qui, je pense, serait venu lui-même en chaire, s'il n'eût pas été malade, comme le fit jadis Fénélon, dire qu'il s'était trompé et qu'il déclare d'avance, comme il l'a fait dès le lendemain de la réception des ordres supérieurs, par une lettre de soumission aux décisions de Monseigneur l'Archevêque de Lyon assisté de son Conseil.

En effet, nous avons sous les yeux la LETTRE-CIRCULAIRE de S. Em. Monseigneur le cardinal de Bonald, archevêque de Lyon et de Vienne, adressée au clergé de son diocèse, et datée de Lyon, le 12 février 1851.

Monsieur le curé,

Je m'empresse de vous faire connaître l'acte de soumission que M. Nicod, curé de la Croix-Rousse, vient de m'adresser, à l'occasion de la condamnation que j'ai portée contre son dernier livre, l'*Avenir prochain de la France*. Sa lettre est datée du 11 février. Mon mandement était imprimé. Je crois devoir insérer ici la lettre que je viens de recevoir de M. le curé :

Monseigneur,

Je condamne d'avance, avec Votre Éminence, tout ce que vous trouverez de condamnable dans mon livre, et je me soumets à votre décision, vous priant de faire insérer ma lettre dans le mandement que vous devez faire paraître.

J'ai l'honneur d'être, avec un profond respect, Monseigneur, de Votre Éminence, le très humble et très obéissant serviteur,

Nicod, *curé.*

La Croix-Rousse, le 11 février 1851.

Je n'avais jamais douté un seul instant que M. Nicod ne se soumît entièrement à la décision que je porterais sur son ouvrage. Son esprit de foi, son respect pour le principe d'autorité, sa vie entière m'était un sûr garant de ce qu'il ferait dans cette circonstance. Mon attente n'a pas été trompée. J'ai voulu vous faire connaître ma peine ; je viens vous faire part de la consolation dont la démarche si sacerdotale de M. le curé de la Croix-Rousse a rempli mon cœur.

Agréez, monsieur le curé, l'assurance de mon sincère attachement,

L. J. M. card. de Bonald, *Arch. de Lyon.*

Je dois citer ici la tendresse paternelle qu'a montrée Monséigneur dès le lendemain de la lettre de soumission de M. l'abbé Nicod ; car, sachant qu'il était dangereusement malade, il a envoyé aussitôt son domestique d'abord, et il est venu lui-même le voir pour savoir plus directement comment allait sa santé, et lui a montré toute l'effusion de la *fraternité* pastorale, ce qui fait un égal honneur aux deux personnages. Enfin, nous entrons dans l'*Avenir* du livre ainsi intitulé, et nous lisons dans le chapitre 1er, de la Société, un *sommaire* préambule qui contient, dit l'auteur, la triple définition de la *société*, qu'il divise en vie intellectuelle, vie matérielle et vie morale, et la *société*, ce nom collectif qui contient l'*unité dans la pluralité humaine*. Après avoir puisé et copié dans de bons jurisconsultes et publicistes l'origine du mot latin *civitas*, cité, de *civium unitas*, l'unité des citoyens, on lit qu'il y a plus qu'une simple et vague agrégation de citoyens ; car il y a, de plus, un lien de lois municipales, communes à tous les agrégés pour agir librement dans l'intérêt de tous les membres ; pour en donner une idée *sienne*, qu'il croit meilleure, il l'appelle *le flux et le reflux de la vie commune* présentée comparativement, comme est le système organique, où il y a des artères, espèces de vaisseaux continus, chargés de porter le sang aux extrémités du corps ; les autres, ce sont les veines, chargés de le rapporter au centre, et l'auteur applique cette singulière définition comparative à la vie intellectuelle.

Et il en résulut matériellement, sauf erreur, que de
la triple ou troisième définition se déduit la réciprocité des droits et des devoirs : Faites à autrui ce que
vous voudriez qu'on fît à vous-même, *et vice versâ* ;
ne lui faites pas ce que vous ne voudriez pas qu'il vous
fût fait. Et certes, c'est bien cette réciprocité toute
morale, ce mutuel concours qui constitue et base la
vraie société, sans laquelle et *hors de laquelle*, en dé-
pit du matériel égoïsme et de ses prétendues compen-
sations, il n'est point de société possible et durable.
Ce serait vouloir la confusion, l'anarchie des idées ;
ce serait ajuster, accoupler des têtes de serpents sur
des cous d'agneaux..... Ah ! que le ciel nous préserve
de telle société......

Dans son système, l'auteur trouve l'image de la
Société, de l'individualisme humain et de la Trinité
divine dans son principe et dans ses conséquences.

En troisième lieu, la Société est une représentation
sensible des individualités humaines qui la compo-
sent, et dont chacune d'elles est l'abrégé. Ainsi la Société serait un assemblage bizarre et matériel qui se
passerait du don de la parole, et qui rendrait inutile
la nécessité des communications des lumières, des
correspondances et des rapports éloignés par l'écriture, qui nous entretient avec les morts et les vivants
absents. Tout proclame assez haut à l'homme que,
depuis l'enfance jusqu'au tombeau, il n'est pas né
pour être seul : les facultés si puissantes de l'esprit, les
affections du cœur, tout, jusqu'au sol de la patrie qui

l'a vu naître, lui crie de toutes parts qu'il est membre de cette grande famille dont Dieu est le créateur, le conservateur et le père.

Dieu, en créant pour la Société, l'homme individuel, créé à son image, a dû, selon l'auteur, sacrifier une partie de sa liberté, dont il pouvait trop abuser, pour conserver l'autre sous le régime du contrat social.

Le devoir, base spirituelle de la liberté, a chassé l'abus immense, et la sagesse s'est identifiée dès lors avec la vraie liberté, qui ne peut être indéfinie, car elle dégénèrerait en licence. Un auteur, qui se connaît en cette matière, a dit dans une tragédie d'*Épaminondas*, en faisant, au troisième acte, parler ce grand personnage contre ses ennemis acharnés :

> Que d'efforts et d'ennuis j'éprouve à les poursuivre,
> Ces grands séditieux que j'ai trop laissés vivre.
> Hypocrites cruels, ils font de liberté
> Une idole de sang, d'impudique fierté...
> La liberté n'est pas une licence affreuse
> Qui se plaît au carnage, ou peste dangereuse :
> Elle aima toujours l'ordre, et la paix et les dieux ;
> L'anarchie en détruit et le bien et le mieux ;
> Qui voudrait être libre et cesser d'être juste ?

On parle beaucoup pour et contre la liberté ; mais le Dieu libre, en créant l'homme, n'était pas tenu à l'*optimum* : tout dans l'homme lui suffit, parce que Dieu n'exige pas l'impossible ; tout, dans le corps humain, est fini, et a son but final ; tout se meut dans le Dieu de la nature ; en lui seul nous avons l'être et la vie; tout ce qui semble se détruire subit ici-bas une transformation, une métamorphose; et c'est ce pouvoir de l'Être suprême qui, inconnu aux Brames de l'Inde, leur fit imaginer les rêveries de la métempsycose, tant il est vrai que l'excès de l'ignorance, comme l'excès du savoir, peut nous égarer si nous sommes vains et présomptueux; aussi Horace, ce grand poète latin, a-t-il dit contre tout excès : *Est modus in rebus, sunt certi denique fines, quos ultra citraque nequit consistere rectum.* Un autre poète a dit de même : *In medio stat virtus,* tant il est naturel et vrai que la parfaite raison fuit toute extrémité.

M. Nicod a eu raison de citer en ce sens l'autorité bien pensante de M. de Bonald le père, lorsqu'il a dit avec justice : *Il n'y a que la Religion qui entende la politique;* et n'est-ce pas elle qui réprime tous les excès, dirige tous les droits et commande tous les devoirs dans l'Évangile, cet immuable et divin code des Chrétiens; oui certes, il faut considérer le Culte en homme d'État, et l'on dira de même, pour juger sainement la politique, il faut la voir en homme religieux. Toute l'antiquité païenne et tous les grands penseurs du moyen-âge jusqu'à nos jours, les Suger, Ximénès, Richelieu, Montesquieu, et tant d'autres, ne les ont pas séparées. Il y a sur ce point concert parfait, consentement unanime et universel des peuples. Si donc c'est à la Religion bien connue, bien suivie, de régler la Societé chrétienne de la manière la plus avantageuse pour remplir le but sacré de la

création, est-il besoin de s'enfoncer dans le pathos
du matérialisme remanié, ou dans l'idéal de la République de Platon? Je n'ignore pas que de l'unité morale est sortie l'union qui fait la force des États comme celle des lois, des magistrats et des peuples; et
c'est du besoin d'ordre légitime, moral et providentiel que naît la confiance et le progrès; l'égoïsme au
contraire ne veut ni hiérarchie, ni liberté pour tous,
ni capacité morale, tout lien dès-lors est rompu dans
la Société, l'industrie, le commerce et les arts fugitifs
n'offrent aux regards que décadence et dissolution.

Notre France jadis si belle, si glorieuse, si elle res-
tait quelque temps sous la main ambitieuse de ces
meneurs que l'ambition dévore, elle ressemblerait
bientôt à cette Athènes, dont les ruines parlent encore contre ses anciens tyrans. Suivons un instant la
description qu'en fait M. Lamartine lui-même, dans
un voyage poétique, imprimé à Paris, où il peint
cette ville de bruit :

> Muette un peu de temps sous le doigt de la Nuit,
> S'éveillant tour-à-tour dans la gloire ou la honte
> Roulait ses flots vivants comme une mer qui monte.
> Chaque vent les poussait à leurs ambitions,
> Les uns à la vertu, d'autres aux factions,
> Périclès au Forum, Thémistocle aux rivages,
> Aux armes les héros, au Portique les sages,
> Aristide à l'exil, et Socrate à la mort,
> Et le peuple au hasard, et du crime au remord.

La Société a donc besoin d'ordre et de paix, et

pour écarter du sanctuaire l'ambitieux qui n'a d'autre Dieu que l'argent, quels que soient ces prétextes, Jésus-Christ montre à tous les hommes le contraste sublime de ses douze apôtres qu'il a envoyés dans le monde, non pour faire porter des chaînes, mais pour tout souffrir en évangélisant les nations , et détruire par eux tous les genres d'esclavage, montrant au plus sublime degré , et les premiers du monde, où sont la véritable Liberté, l'Égalité, la Fraternité évangélique; mais il montre aussi aux prétentions insatiables de ces lévites corrompus qui veulent allier l'or du monde avec les idées religieuses, et leur crie par cent bouches éloquentes : vous distinguerez facilement ces visages pharisiens à des signes certains , ils viennent à vous couverts de la peau de brebis et au fond ce sont des loups ravissants, vous les connaîtrez par leurs fruits , cueille-t-on des raisins sur des épines ou des figues sur des chardons; or, sachez le bien, tout bon arbre porte de bons fruits.

Si dans la comparaison du père de famille dont le champ ensemencé de bon grain , a été aussi semé d'ivraie par une main hostile , ce père recommande aux siens de ne pas l'arracher aussitôt, de peur de gâter les semences du bon grain, mais de laisser tout croître jusqu'au temps de la moisson, et quand ce temps sera venu, on séparera le bon grain de l'ivraie qu'on brûlera, et l'on réunira le bon grain dans ses greniers. Si donc le bon prêtre, que Plutarque distingue à peine du législateur, est nécessaire pour prêcher la saine doctrine et les mœurs, de préceptes et d'exemples, il doit vivre de l'autel, comme l'ouvrier de son travail, comme dit saint Paul, mais il ne doit pas thésauriser l'or périssable;qu'il n'oublie jamais le précepte de son divin maître : *Mon royaume n'est pas de ce monde.* Voilà comment Jésus-Christ, la voie, la vérité et la vie, s'exprime dans l'Evangile, que plus de dix-huit siècles d'intrigues, de persécutions et de philosophie, n'ont pu réformer, et que tout proclame irréformable.

Quant aux destinées de la Société, celle-ci doit tendre au but de son auteur et conservateur suprême, personne de sensé n'en doute, et pour cela, il faut qu'elle soit constituée religieuse et morale, ou autrement qu'elle ait un culte; ou vrai ou faux, un culte est nécessaire, a dit le célèbre Racine; et Voltaire, ce fameux sceptique, n'a-t-il pas dit aussi, si le culte n'existait pas, il faudrait l'inventer.

Mais l'inventeur serait plus grand que le héros divin qui en est l'objet, et certes ce n'est pas ainsi qu'on invente, s'écrie Jean-Jacques, en parlant de l'Evangile. Ainsi malgré les rêveries et les inventions extravagantes de l'absurde et fabuleux système zodiacal des Dupuis, des Volney, et tous ces *citateurs* isolés avec leurs ironies dégoûtantes d'impudicité, tombent avec leurs auteurs perdus dans l'*immensité* de ce *Dieu éternel* qu'ils calomnient et qui les tient liés sous le poids de sa justice infinie. *Mens agitat molem.* C'est ce Dieu parfait dont l'esprit fait agir les mondes et les sépare du Chaos, qui fait triompher la vérité du mensonge et de l'imposture. *In eo vivimus, movemur et sumus.*

C'est ce *Dieu inconnu* que prêchait saint Paul devant l'Aréopage d'Athènes. A ce Dieu inconnu, Lyon, l'Athènes et la capitale des Gaules, sut aussi élever des autels. Il existe encore quelques débris d'un autel équivalent, au Palais-des-Arts, dans la galerie lapidaire, il a pour titre : *Cunctis Diis*, A tous les dieux. D'après tant de faits divers accomplis et qui sont du domaine de l'histoire, M. Nicod ne peut ignorer que la postérité les juge, ou les modifie à son gré ; mais la vérité est éternelle, elle n'a rien à craindre des inventeurs et des réformateurs. Sur les ruines des empires domine encore la folie prétendue de la Croix du Christ. Les champs de la Grèce et de l'Égypte ont gardé jusqu'au fond de l'Empire de l'Abyssinie, la tradition réelle du christianisme, malgré les schismes et les hérésies sans nombre qui disparaissent usées à leur tour. Que sont devenus le paganisme et les tyrans, les philosophes, sceptiques athées anciens et modernes conjurés et ligués ensemble, que sont devenus ces prêtres renégats de 93.... On leur répondra toujours par des milliers de faits, et d'ailleurs :

Que peuvent contre Dieu tous les grands de la terre,
En vain ils s'uniraient pour lui faire la guerre ,
Pour dissiper leur ligue il n'a qu'à se montrer;
Il parle et dans la poudre il les fait tous rentrer.

Au seul son de sa voix la mer fuit, le ciel tremble;
Il voit comme un néant tout l'univers ensemble,
Et les faibles mortels, vains jouets du trépas,
Sont tous devant ses yeux comme s'ils n'étaient pas.

M. Nicod dit fort bien que chacun doit honorer sa commune patrie, quel que soit le cercle dans lequel chacun se meut, tout ce qui est hostile à cette fin est hostile à la Société. L'homme immoral et sans religion ne sera jamais un bon citoyen, Racine l'a dit : *On ne peut être honnête homme sans elle.* Que pourraient toutes les lois, tous les cachots, tous les supplices, contre la mauvaise foi, la ruse heureuse dans ses projets audacieux, et à l'abri de tout dans ses labyrinthes? Certes, malgré des abus, abus pour abus, qui n'aimerait mieux voir augmenter les monastères, réclusions volontaires, quinquennales, etc., que de voir s'accroître le nombre des tribunaux, des gendarmes, des cachots et des bourreaux? Hélas ! la contagion morale du mal n'est que trop progressive; elle ne connaît aucun obstacle infranchissable; à côté des échafauds on voit souvent des voleurs incorrigibles. Que de maux un seul homme a souvent causé au monde et à l'humanité! que de biens au contraire l'homme vertueux peut lui faire! L'hypocrite criera bien haut à la fraternité, mais ce ne sera pas moins un faux frère, un égoïste, un intrigant, un traître dans sa patrie. En vain parlerait-on de l'union des intrigants, cette union n'est que factice, passagère. Le souffle impur de l'indépendance ne s'allie pas à la franchise de l'affection, du respect aux lois et au maintien de la légitimité, de la propriété. Le communisme, bon dans un couvent au plus, ne peut exister durable dans la Société.

La propriété de toutes choses par l'État rend l'usufruitier tyrannisé par le despotisme ; c'est établir l'autocratie de la *noblesse russe* sous un nom français; c'est la satrapie rétrograde rêvée par les intrigants chefs Saints-Simoniens, qui, utopistes rusés, cherchaient leur République sous le nom symbolique de la *Mère*; un tel système jetterait la Société sous la main féroce et sauvage du plus fort. Adieu alors aux arts, aux encouragements individuels; dès lors il n'y aurait plus que fainéantise et brutalité ; ce serait une espèce de trapistisme bâtard, des Diogènes réunis sans but et sans cause, sans culte et sans espérance.

M. l'abbé Nicod demande si les Français sont une nation — demande presque insultante pour une grande partie des Français — et pourquoi la France ne serait-elle pas nation ? a-t-elle donc renoncé à sa foi antique, à sa générosité, à sa fidélité, parce qu'on ne croirait pas *ex abrupto* aux preuves au moins obscures émises jusqu'à ce jour, et qui seraient en faveur du duc de Normandie?

Comment prouveriez-vous que la France est matérialiste, est-ce parce qu'il y a des aveugles qu'il faudrait conclure du particulier au général, croyez-vous que l'égoïsme ait divisé la France en plusieurs nuances de coteries ou de partis intéressés qui cachent la vérité, et pensez-vous que l'oppression même empêcherait à la vérité de triompher et même ne faciliterait pas son triomphe? Allons, M. l'abbé, vous me feriez croire qu'il n'y a plus de bonne foi sur la terre des martyrs, dans votre propre patrie ; je sais bien que vous pourriez m'objecter que personne n'est bon prophète dans son pays, je l'avoue, Monsieur, surtout quand on prêche des calamités imminentes.

Le mot nation vient de *nati, natorum* qu'il renferme ou non l'idée des générations présentes et passées, de fidélité aux mœurs, droits et traditions. Vous dites que le fils de l'infortuné Louis XVI a été sauvé miraculeusement de la tour du Temple ou ressuscité comme vous voudrez, et il serait resté sans sujet et sans vie dans un silence de mort, malgré la presse babillarde, si causeuse, et les amis de la vérité comme vous l'êtes, et tant d'autres de votre croyance, jusqu'au règne de l'usurpateur Louis-Philippe! et Louis XVII, entraîné par je ne sais quelle fatalité ou panique, n'aurait pas même eu l'idée si naturelle d'écrire sa vie à l'étranger où il était libre, et d'où il pouvait se faire connaître malgré Bonaparte et les Bourbons ses parents, que vous voudriez faire passer pour des barbares qui renient leur sang! et l'infortunée duchesse d'Angoulême, qui aimait beaucoup son frère, qui s'intéressait tant à lui à la tour du Temple, qui ne reconnut pas, sur le corps d'un enfant mort qu'on lui fit voir pour être celui de son frère, ses beaux cheveux blonds et ses yeux bleus ;...

qui a vu périr sa tante, son père, sa mère, et qui n'a dû la vie et la liberté qu'à l'échange qui fut fait de quelques conventionnels, hauts fonctionnaires, prisonniers en Allemagne, et cette princesse de retour en France, qui n'a signalé son séjour dans sa patrie que par des bienfaits et par la fondation de l'hospice des Orphelines de *Marie-Thérèse*, à Paris et ailleurs, etc., etc.! Et vous oseriez, vous, ministre de paix, élever une voix flétrissante, digne des stipendiés honteux d'un Louis-Philippe assassin d'un prince de Condé, par les mains et soins de l'étrangleuse baronne de Feuchères. Ah! de grâce, M. Nicod, votre raison était en souffrance quand vous écriviez un tel *lapsus calami;* mais vous avez compris la portée de vos paroles quand vous avez dit à la fin de votre ouvrage que la duchesse exilée par Louis-Philippe allait enfin reconnaître l'ex-baron de Richemont. Et dans vos pièces justificatives vous dites que cette princesse avait chargé MM. le comte de Bruges et le vicomte de Montchenu de faire une enquête pour savoir si le baron de Richemont était bien le fils de Louis XVI, que l'enquête faite et le rapport sur le point d'être clos, la même duchesse ordonna de tout suspendre; et vous finissez par demander si l'on déclare faux le certificat donné le 8 novembre 1842 par M. le vicomte de Montchenu! Personne n'aime les disputes de mots; mais vous, Monsieur, vous les rechercheriez; ignoreriez-vous qu'en France, dans le cas d'un retour votatif à la monarchie constitutionnelle, les filles ne succèdent pas, d'après la loi salique ; ainsi cette princesse ne pouvant pas régner, ni même avoir des enfants par la précaution médico-politique qu'on prit pour ou contre elle, pour écarter les projets despotico-turcs de Robespierre, quel intérêt aurait-elle eu dès-lors à méconnaître le droit de son frère ? Pensez-vous qu'elle eût dû et pu, par antipathie, faire ou laisser sans mot dire supplanter son frère par un de ses oncles qui lui était moins proche et moins cher ? Ah ! laissez donc en repos cette femme forte qui est bénie partout où elle peut soulager la misère ; vous qui la blâmez, allez en Allemagne où elle séjourne et vous reconnaîtrez vos torts si vous êtes de bonne foi. En voilà peut-être déjà trop de prouvé sur ce point.

Vous parlez, Monsieur, des désordres des insoumis, des révoltés, etc. Eh bien ! des hommes ambitieux, dépravés, se sont rencontrés, prenant d'eux-mêmes la mission de bouleverser le monde, pour s'asseoir sur des trônes ou présider exclusivement à la tête des nouveaux gouvernements républicains, et dire par le fait à leurs prédécesseurs *ôte-toi de là que je m'y mette* ; eh bien ! chose singulière et toute providentielle, tous ces hommes qui ont joué avec les principes : Louis-Philippe le Ier qui a convoité et obtenu habilement le trône de Charles X par ses voyages multipliés et par ceux de son Lafayette et consorts, est tombé ignominieusement sous le poids accablant des pavés de février 1848, les mêmes qu'il avait fait soulever avec deux de ses fils contre son royal parent ; son fils aîné a péri à Paris sur le *chemin* dit *de la Révolte,* d'accident ; l'autre plus jeune est allé fugitif habiter à l'étranger avec le reste de cette famille expulsée à son tour, par un arrêt invincible de la juste Providence. Tant il est vrai que les traîtres ne restent pas impunis, et leur famille, peut-être plus ou moins coupable, partage leur disgrâce !

Eh ! qu'est devenue ensuite une partie des principaux chefs du Gouvernement Provisoire de 1848, dont le ciel s'est servi pour renverser le Goliath moderne des Philistins-pharisiens, ce colosse au pied d'argile avec ses forts ? Voyez ces grands prometteurs superbes, en ce moment proscrits, fugitifs à l'étranger, ou cachés à l'intérieur, ou usés dans l'opinion inconstante et girouette qui les avait élevés. D'autres s'useront à leur tour dans ce monde passager, où tout lutte, où tout croule, où tout tombe. Quelle leçon plus éloquente pour la postérité ! A présent, quel moyen reste-t-il de sortir de cette péripétie pénible, de cet état de crise dont parle M. Nicod ? C'est que l'on se fait illusion, c'est qu'on veut se tromper, c'est qu'on s'écarte volontairement de l'état de la question et de la difficulté sans la résoudre ; c'est qu'on est las, indifférent, égoïste ; *chacun pour soi,* devient un axiome général. La France est malade parce qu'elle a été exploitée par tant d'empiriques, tant de charlatans qui n'ont d'autre capacité que l'intrigue et l'audace qui les a fait prôner, patronner dans les clubs anglo-français. Ils ont tout promis, rien tenu, que la place qu'ils occupent à 25 fr. par jour, pendant que d'autres meurent de faim sur le même sol où ils dansent, boivent, mangent et chantent. Ainsi l'égoïsme tue les royaumes, les empires, les républiques les plus florissantes...

Voyez, interrogez les produits enfantés par ces corporations turbulentes, comme ils sont sourds aux vœux et aux besoins des peuples; beaucoup de ces incapacités parvenues dorment dans leurs chaises curules; la misère honnête qu'on devrait soulager, on l'accable; on ne veut plus rendre justice à qui réclame à bon droit; si le réclamant est pauvre, la réclamation la mieux fondée est mise au rebut, si elle n'est pas déjà factieuse à leurs yeux pervers; les démocrates parvenus au pouvoir sont déjà dans l'opinion pires que les aristocrates anciens. Puis, fiez-vous donc, peuples, au charlatanisme en délire. Ah! l'on connaît trop l'arbre par son fruit, le loup par sa voracité insatiable, et le tigre par ses déchirements de la main amie qui le caresse et l'alimente. Avis donc à la France.... Beaucoup de soi-disant médecins indiquent cent remèdes divers à tant de symptômes alarmants qui menacent à la fois la liberté, l'ordre, les arts, l'industrie et le commerce. Ici, fort peu s'approchent du remède salutaire ou éludent la question en fermant les yeux de peur de voir trop clair. Que ne dirait pas à cet aspect un nouveau Fabricius qui serait né et mort parmi nous? S'il nous était permis d'invoquer un instant son ombre vertueuse, nous lui dirions: O Fabricius, que penserait votre grande âme, si pour votre malheur elle était rappelée à la vie, et que vous vissiez la face pompeuse de notre France, jadis si belle, si florissante, sauvée, par tant d'hommes généreux, héroïques, du joug de l'étranger, et que vous ne désavoueriez pas vous-même? Juste ciel! ne diriez-vous pas, que sont devenues les gloires si belles de la patrie et sa prospérité; quelles sont ces mœurs efféminées et cette jactance vaine; que sert cet égoïsme odieux qui remplace les mœurs antiques, et qui vous conduira tôt ou tard dans un abîme sans fond, si vous ne changez de voie? Eh, quoi! vous, après les anciens Romains, et mieux qu'eux, les maîtres des nations, vous vous êtes rendus sous des Philippe les esclaves et le jouet de ces mêmes gens que vous avez tant de fois vaincus; il n'y a plus que des rhéteurs qui vous gouvernent, j'y vois des histrions et tant de charlatans issus des clubs qu'ils ont flattés! Ah! de grâce, repoussez ces êtres dépravés, ces cumulards, ces agitateurs intéressés à l'*anarchie* qui vous a déjà tant fait souffrir; rappelez-vous, Français, que le seul talent convenable ce n'est plus l'intrigue bilieuse et déloyale des corporations et de leurs meneurs sans pudeur et sans foi, mais bien mille fois mieux les capacités honorables unies au dévouement désintéressé et sans bornes de la bonne foi. Il faut enfin, que si de nouveaux Cynéas accourent des pays lointains pour admirer notre France, ils s'écrient d'enthousiasme, en voyant la gravité et les travaux de vos assemblées nationales : Voilà des hommes vertueux qui forment un sénat de rois, digne déjà de commander au monde et d'y faire régner le bonheur et la paix. Voilà donc un coin du rideau soulevé, qui montre la voie sûre d'où viendra le salut, et qui à son tour ramènera l'âge d'or. Voilà d'où surgira le médiateur que tout bon citoyen attend. Est-il ici nécessaire que Jésus-Christ revienne sur la terre? Qu'importe pour nous que le radical du mot peuple dérive de *populus*, peuplier, ou de *poples* jarret où nerf qui sert à faire plier le genou comme emblême de soumission et de respect pour le culte et les lois de la patrie ! Toutefois, les Français ne forment par moins un peuple, malgré les prétentions de M. l'abbé.

Au chapitre VII, intitulé de l'*Autorité*, l'homme brut appartient à la nature ; chrétien, il appartient à l'Eglise, et citoyen à la patrie. Et ces trois qualités réunies font le citoyen raisonnable et éclairé. De là sort l'autorité saine et le dévouement social.

Celui qui cherche la vérité avec simplicité et droiture la trouvera, dit M. Nicod, et il l'a trouvée dans le mandement de son supérieur. Je sais que pour arriver à la découverte de la vérité dans les faits publics et privés qui intéressent la religion, sa morale ou la Société, la raison donne une forte autorité qui est celle de la certitude morale, C'est ce ressort puissant qui fait mouvoir les choses humaines, qui dicte aux nations des lois sages et fait unir les peuples par des traités et des alliances ; le génie de l'homme a trouvé dans le raisonnement et l'analyse des moyens de rapprochement d'exécution plus faciles et plus économiques. Ici, la foudre nuisible est ravie au ciel par le paratonnerre et le paragrêle, en affaiblissant, en attirant l'électricité très-condensée sur un point. D'un autre côté, la vapeur est découverte en France, mais l'étranger qui s'en empare s'en sert pour faire mouvoir à son gré ses bâtiments sur les mers et sur les fleuves. Les chemins de fer mus aussi par la vapeur, après de longues, de coûteuses et dangereuses études, disputent en vitesse aux bateaux à vapeur la gloire de rapprocher des distances immenses qui séparent les peuples par des monts ou des mers sans fin, et propagent autour du monde les bienfaits de la fraternité, de l'union, de l'ordre et de la vraie liberté ; ainsi tout s'anime et se vivifie par le commerce qui enrichit les peuples et par la saine morale qui éclaire et dirige toutes choses vers son but, le bonheur public qui en est le prix.

Enfin, la certitude morale est le principe et la mesure de nos actions, la règle de notre conduite. Et ce motif puissant dirige l'homme public et l'homme privé. M. Nicod, après avoir mis en évidence le jugement de Celui qui est la vérité par excellence, montre que le témoignage de *deux* ou *trois personnes* judicieuses et véridiques, suffit pour établir la certitude morale. *In ore duorum vel trium testium stat omne verbum*, Math. xviii, et, chose singulière, il applique cette citation en faveur du baron de Richemont, et l'appuie de récriminations mal fondées; ainsi il nous rend incrédules comme l'apôtre Thomas, et avec son système hypothétique il sépare la vieille France en deux camps, il use pour cela de l'axiome de Machiavel : *Divide ut regnes*. Moyen de régner par la division, exploité largement, mais en vain, par Louis-Philippe le chassé. Voilà des faits, jugez!... Entré par pur amour dans le sanctuaire de la vérité, nous accueillons l'autorité parfaite de la foi comme celle contre laquelle les portes de l'enfer ne peuvent prévaloir.

L'autorité de la loi, dont le *mot* dérive de *legere*, acquiert sa force de la sanction de publicité. Cicéron en parle dans le même sens.

Je dois dire ici que l'auteur de l'*Avenir de la France*, avance sur ce point que la légalité a depuis 60 ans tué tous les gouvernants, et cela parce qu'ils n'ont pas rendu à César ce qui est à César, et à Dieu ce qui est à Dieu; et il en sera ainsi tout le temps que la Société sera en dehors des conditions de la *Justice*, et qu'alors celle-ci est une verge inévitable qui la châtie. L'auteur nous montre l'*empire* avec la *pointe de sa redoutable épée pour toute justice*. Il ajoute que la Restauration se serait bien gardée d'en appeler à la liberté du vote universel. Renfermée dans son cens électoral à 300 fr., comme la quasi-légitimité de 1830 dans son cens électoral à 200 fr., ainsi, elle se croyait retranchée dans une citadelle inexpugnable. Que l'une et l'autre auraient faussé, dit-il, la forme représentative en donnant pour fondement à leurs lois de violentes interprétations de la loi, et qu'elles y ont trouvé leur perte avec un châtiment appliqué à leurs délits spéciaux. Il voudrait enfin, selon la pensée de Grotius et de Puffendorf, qu'on ne légitimât une usurpation qu'après une prescription de cent ans révolus, écoulés sans aucune réclamation.

M. Nicod définit aussi la souveraineté nationale qu'il appelle : *la sagesse du peuple unie à sa puissance* et *agissant par un lien régulier et régulateur*. C'est un tout sans partie dont la puissance vient de tous. Et il ajoute à son errement que cette lumière n'est autre chose que le Christ lui-même.

L'auteur veut que l'homme ait perdu par sa chute la liberté de souveraineté, et que l'enfer a blessé le libre arbitre et a dénaturé la liberté de choix. Et cependant, qu'avec ce débris de liberté, l'homme a recouvré sa liberté de souveraineté. Ici M. Nicod ne dit pas quel rôle a dû jouer le Christ, ou s'il ne deviendrait plus nécessaire au salut de la Société.

Il veut montrer enfin l'impossibilité aux gouvernements matérialistes de pouvoir donner cette liberté aux peuples qui la demandent, et il conclut que cette impuissance est la preuve de cette usurpation.

Il affirme que la liberté, placée dans la volonté

seule, devient la liberté du mal, et un principe d'esclavage. Que le cri de liberté chez les peuples est un
cri de mort pour le matérialisme et les usurpations ,
et un cri de résurrection pour la Société et pour le
droit.

Si cette assertion est vraie, on lui demandera pourquoi les gouvernements du Nord, qui reposent sur
le principe légitime , sont-ils aussi bien menacés que
les trônes d'usurpateurs? problème qu'on laisse encore à résoudre à M. Nicod, qui verrait aussi dans
ces pays son livre mis à l'*index*.

« Tout le monde, dit-il, parle de liberté, et la
« veut, mais qui la connaît? dans les carrefours
« comme dans les clubs, dans le palais de justice
« comme à la tribune nationale, partout son nom
« retentit, et a fait plus d'une célébrité; cependant
« nul n'a essayé de nous la montrer avec toute la
« noblesse de ses traits et la magnifique ampleur de
« son manteau royal : on dirait que semblable à
« la divinité dont elle est un des attributs, elle ha-
« bite la lumière dans une région inaccessible... »

Tout est lié dans la nature, et personne ne peut
refuser à l'être par excellence la liberté de son arbitre
dont il nous a dotés lui-même ; laissons aux fatalistes
la contradiction de nier ce droit dont ils jouissent
eux-mêmes; par rapport au mal physique, par la
diversité des degrés de bonté, de beauté, de perfection qu'il offre dans ses œuvres, quand, et comme
il lui plaît, soit dans le spectacle offert par la nature,

soit par les effets admirables qu'il sait tirer de toutes choses ; les ténèbres mêmes ne servent-elles pas à montrer les beautés de la lumière, comme les orages et les tempêtes à faire ressortir les charmes du calme et de la sérénité. Il en est de même du mal moral, ou péché, qui dans l'immensité de la sagesse éternelle sert à ouvrir les trésors inépuisables de ses miséricordes ; Dieu fait servir les fautes de l'homme à le rendre plus humble, plus soumis, et plus vigilant. Les cruautés des tyrans servent à donner plus d'héroïsme à la vertu, plus de mérites à la victoire, plus de magnificence et de gloire aux récompenses du rémunérateur suprême. Dieu est libre dans ses perfections infinies ; incomparablement plus, que le plus grand peintre dans le choix de la matière, des ombres, des couleurs, des effets, des dimensions, du sujet. Il peut récompenser le dernier ouvrier arrivé à sa vigne, comme le premier, mais il demande plus à celui qui a reçu plus, et qui peut plus. Tout en Dieu est donc harmonie et perfection. Si donc Dieu a le bonheur le plus complet dans sa gloire, pourquoi n'aurait-il pas sa gloire dans sa sainteté, et celle-ci dans sa liberté de souveraineté. Il en est donc ainsi de tous ses autres divins attributs liés entre eux sans la moindre contradiction ; et la raison humaine s'arrête et se doit taire dans ses jugements sur tout ce qui dépasse sa sphère intellectuelle sans lui répugner.

De la Souveraineté selon l'auteur.

La Souveraineté doit exister au bénéfice de tous et pour tous. Oui certes, le grand problème posé en 1789, lorsque la France déclarait que la *Souveraineté était dans la nation* et qu'elle proclamait la liberté avec la monarchie héréditaire, indépendante, sacrée, dépouillée des haillons de la féodalité et de l'arbitraire, elle en usait avec droit pour son premier représentant, à la fois pouvoir exécutif ; comme dans le pouvoir spirituel quoique électif, le pape lui même, à qui Dieu donna ses pouvoirs spirituels, comme son représentant, de paître ses brebis et ses agneaux : ce pouvoir fut créé pour l'utilité de l'Eglise catholique (ou universelle), apostolique et romaine, aussi prend-il le titre bien choisi de serviteur des serviteurs de Dieu et de tous les Chrétiens ; et ils lui sont soumis sans rien perdre de leur liberté indivi- duelle.

Souveraineté légale du peuple.

La Souveraineté légale du Peuple, c'est la sagesse intelligente et libre de la volonté publique. Toutes choses étant à sa place, *la volonté du peuple est exé- cutée par celui qui est son mandataire légitime* ; et l'auteur nous dit, page 109, chap, IX, qu'*elle ne peut fonctionner qu'avec l'autorité légitime*. Et qu'en détrônant la *légitimité*, *on a détrôné*, par ce fait, la *souveraineté du peuple*; puis il demande quel sera celui qui pourra la relever? c'est, dit-il, le rétablissement de la loi de l'hérédité, etc.; au peuple donc appartient le droit imprescriptible d'oser réparer le mal qu'il a pu faire par erreur, victime de l'impulsion d'intrigants séducteurs.

L'auteur observe avec sagesse que la souveraineté du peuple réside, non dans sa force physique ou puissance numérique, ni dans sa volonté trop séductible, mais dans sa sagesse intelligente, consciencieuse, générale, librement manifestée. Rien de plus imposant en effet que la souveraineté du peuple; sa voix consciencieuse, saine et libre, est la *voix de Dieu*; *vox populi* (sana) *vox Dei*; faussée, injuste, elle n'est plus qu'*esclave de séducteurs intéressés*, comme on l'a vu chez le peuple d'Athènes, qui couronnait un jour Cléante aux jeux olympiques, et presque en même temps exilait Aristide et condamnait le sage Socrate, l'apôtre de la vérité, à boire la ciguë... Voilà où quelquefois tombe un peuple bon, léger et séduit. Et cela s'est passé dans cette Europe où tout croule, où tout craque, où tout lutte, entraînant gouvernants et gouvernés dans sa chute.

Le peuple bien représenté engage ou abdique son pouvoir pour le temps qu'il lui convient de se nommer un ou plusieurs représentants fidèles à leurs mandats, à temps, à vie, ou héréditaires; et tout le monde a, je pense, plus d'esprit sur ce point que quelques démagogues parvenus au pouvoir, ou trois ou quatre personnages burinés avec leurs sanglants abus dans les pages immortelles de l'histoire.

Louis XVIII, poursuit l'auteur, casse la Chambre *introuvable* par ordonnance du 5 septembre, et il dit que ce fut un coup d'Etat pour sa cause; je crois, moi, qu'il le fit plutôt pour plaire aux acquéreurs de biens nationaux épouvantés alors sans aucun sujet.

La quasi-légitimité de 1830, à laquelle travaillèrent les gens à Lafayette, sous les noms vagues des *droits* de la *nation* recouvrés, a préféré s'abriter des bastilles et des députés à conscience large et sans mandats, qui se riant des droits de la nation et de la volonté du peuple trompé, le jetèrent avec la couronne, en artistes tragico-comiques, pieds et mains liés, aux pieds de cette famille bâtarde du prince Egalité. Beaucoup de ces pauvres citoyens vendirent leur droit d'aînesse séduits par le fumet de quelques plats de lentilles ou plutôt par des banquets ministériels servis à bourses et coupes d'or!...

La plupart, le vétéran Lafayette à leur tête, eurent l'audace de nous présenter leur *Louis-Philippe*, ce fameux maître d'école, en Suisse, transfuge, pour sa santé, avec Dumouriez, comme étant la *meilleure* des *Républiques*; et, le croirait-on, je le dis à la honte des autorités locales, ce Lafayette connu par le service de son banquet à l'ex-salle Gayet, à St-Clair de Lyon, a donné depuis, son nom à l'un de nos ponts du Rhône pour y avoir passé une fois dessus avec son Louis-Philippe.

Enfin, au 24 février 1848, le peuple était vengé non-seulement du rôle d'esclave qu'on lui avait fait jouer, de tant de dédains, et aussi des comédiens et des charlatans de 18 ans. Mais ce qu'il y avait encore de pénible, c'est que ses douleurs n'étaient pas finies, parce que, continue M. Nicod, son instruction si coûteuse aux contribuables n'était pas complète, ou plutôt il fut joué de nouveau, on l'amusa de fêtes bruyantes, de chants publics, de fontaines de vin quasi fraternelles, coulant à flots, et placées autour de forêts d'arbres, de déesses de liberté, de bonnets phrygiens en plâtre, d'hommes ou de gamins du peuple portés ou traînés sur des chars ornés de guirlandes de diverses couleurs, de discours d'orateurs en plein vent, d'illuminations, de danses, et que sais-je, enfin? On aurait certes cru voir ou rêver de voir les descriptions des fêtes d'Arcadie décrites dans les Anacharsis ou les Anténor poétiques.

Et puis, ces chantiers nationaux plus subversifs des propriétés que le tonnerre, la grêle et les inondations, et dont les propriétaires, plus ou moins ruinés, attendent depuis trois ans, et attendront longtemps encore, les justes indemnités, promesse fallacieuse de la montagne en travail qui finira par enfanter la souris.

Disons encore que le bon abbé, pour nous faire patienter, a inventé l'antipathie contre-révolutionnaire : c'est l'homéopathie médicale en théorie ; tant il est vrai que l'homme surpris dans l'erreur ne peut pas comprendre ce que peut faire naître la mobilité des sables d'une mer orageuse comprimés sur ses bords à la manière des gaz.]

Hélas, avouons le franchement, rien n'est stable ici-bas. Les intrusions sont vues presque avec indifférence ; on se lasse de tout, parce que l'égoïsme et la peur dominent. *Audaces fortuna juvat*, l'audace peut et fait tout, et gouverne avec du machiavélisme repétri. M. Nicod se plaint de la répulsion par la Constituante de la réclamation du merveilleux et romantique baron de Richemont, du 25 mars 1848. Tout en lui disant officieusement, avec l'air et l'accent théâtral de la cour : Espérez, M., nous allons vous seconder dans votre demande pour votre état civil. La France avisera, quant au reste. Et ce serait l'iniquité ou l'oubli blâmable du gouvernement provisoire.

Nous suivons l'auteur pas à pas, et il nous répète à son de trompe que depuis que la souveraineté du peuple est tombée à terre, personne, probablement à la menace de l'homme du peuple en terre cuite, personne n'a osé, n'a pu la relever. Cependant cette puissance est un droit positif et c'est à cette porte de salut, je crois, que la France s'adressera de guerre civile lasse. C'est devant ce rempart que doivent tomber tous les partis. Il est probable que le dernier essai qu'on a fait de la République annonce que le gouvernement de l'homme par l'homme brut, est à bout de voies et d'expédients; et n'a point de portes de salut hors le principe de l'hérédité écrite ès-cœurs des Français; dit Bignon. Quant au journal l'*Inflexible*, qu'a-t-il prouvé jusqu'à ce jour? Il se base sur le silence de tels ou tels journaux, et MM. ses rédacteurs oublient-ils jusqu'à meilleure preuve qu'une loi morale leur doit crier aussi, comme à un nouvel aréopage, dans le doute *abstiens-toi de juger.* Certes, si l'existence du fils de Louis XVI est véritable, elle est providentielle; eh bien cette Conservatrice suprême nous le montrera tôt ou tard, comme Jésus-Christ se montra à Thomas : *Touchez et voyez ?*

On nous rappelle ici le vote du 10 décembre, moi, je le crois, un vote de temporisation en attendant un mieux , une étoile plus lumineuse. Qu'importe de savoir qu'à la place des trois mots : *la foi*, *la loi*, *le roi*, qui renfermaient toute la souveraineté nationale, aient été remplacés par ces trois autres : *la raison*, *la loi*, *le pouvoir*; que montre cette identité ? un besoin moral; mais, à qui appartient ce pouvoir? personne n'a tranché encore la question. Lamennais a émis là-dessus son doute; cela sera tel tant que l'effet sera confondu avec la cause et que l'égoïsme exploitera tout. Un des hardis champions de 1848 a dit qu'il entendait par *souveraineté* nationale le droit qu'a la nation de disposer elle-même , comme elle l'entend, de ses propres destinées. Eh bien ! cette définition est vicieuse, car elle prête beaucoup à l'arbitraire, puisqu'elle met la nation à la merci du plus rusé, du plus riche, du plus audacieux, du plus fort. M. Nicod y voit le pendant de la caricature du *peuple* souverain, représenté en Hercule tout débraillé, les *bras nuds*, armé d'un fusil en repos, foulant aux pieds le sceptre et la couronne, et portant à quiconque le défi de les relever! et il dit que ce sujet en plâtre a été mis en pâte à la rosée populaire d'un matin (1).

Au contraire une loi éternelle de justice lie étroitement nation et particulier, et ce que Dieu a uni l'homme ne le détruit pas : *quod Deus conjunxit homo non separet.*

On parle beaucoup de la force publique; la force seule protége, mais elle ne donne pas ; elle ne reprend qu'au voleur ce qu'il a surpris. Du reste, personne n'a le droit de disposer du gouvernement ou de l'exploiter, ni classe, ni famille, ni représentant, ni doctrinaire quel qu'il soit. Dans le cas seul de besoin suprême, et dans le doute public où le salut du peuple est compromis ou menacé, on peut faire sans désordre un appel direct et franc au peuple consulté. La réponse du peuple libre sera l'oracle du pays auquel tout citoyen doit sa soumission et ses respects.

L'époque de 1848 a prouvé à M. Guizot, qui, avant 1830, plaçait la souveraineté du peuple dans une

______

(1) *Une autre statue de même genre et matière a été conservée sur la place du Perron à Lyon.*

provocation armée, et en faisait une théorie de circonstance et de transition, qui tombe lorsque la circonstance n'est plus et que la transition est opérée; l'époque de 1848 a prouvé, disons-nous, à M. Guizot, en ne se réalisant pas à son gré, que sa théorie n'était pas tombée. Tout ce qu'il dit dans son histoire d'Angleterre à propos du rétablissement des Stuart sur le fauteuil du président Cromwel, ne prouve pas que l'on rétablira les d'Orléans sur leur trône brûlé, et dont personne ne veut sincèrement, pas plus d'eux, que de régence allemande, à part quelques intrigants.

M. de Lamartine a été plus circonspect et prudent. Sans vouloir baser ou résoudre ce grand problème, *La Souveraineté*, s'écrie-t-il, *c'est la Société tout entière marchant dans sa puissance et sa régularité avec chacun de ses membres à la place qu'il doit occuper, et non une Société tronquée et décapitée* qui ne sait ni d'où elle vient, ni où elle va. Ces derniers mots manquaient ici pour compléter cette pensée.

L'universalité des contribuables a besoin de base plus sûre dans l'autorité que celle du caprice, il lui faut la justice pour tous qui doit dominer et les coteries et l'égoïsme. Jésus-Christ a bien respecté l'*autorité* devant les pharisiens, mais il n'a point déshérité les peuples. Dans tout pays policé chacun sait qu'un contrat violé n'est pas pour cela anéanti, et toute puissance vient de Dieu par qui règnent les rois. Les droits des peuples et des nations sont aussi inaliénables. Dans tous les actes de bonne et impartiale justice, de justice inspirée du ciel, les fautes seules sont personnelles, et celui qui viole sciemment le contrat social signe sa déchéance personnelle par le fait, mais rien de plus; quand la preuve ne laisse aucun doute, c'est un fait accompli; à chacun le sien, *cuique suum*. Le droit divin toujours d'accord avec le droit civil a dit sans exception le *bien d'autrui tu ne prendras*, etc.; il y a donc accord d'unité en morale comme en physique et en toutes choses, et les ennemis de la liberté des cultes et ceux de la propriété sont les ennemis des peuples; les ennemis de la justice éternelle sont en même temps ceux du bonheur et de la paix publique. C'est de l'union inséparable des lois divines et humaines que sort le dépositaire du pouvoir exécutif, de la volonté générale, quelque nom qu'on lui donne, et quelles que soient la forme représentative et la base hiérarchique du gouvernement national : sur ce point j'adopte sincèrement le sens lumineux de tout ce qui est bon dans l'auteur que je consulte et interroge avec impartialité et persévérance.

FIN DE LA PREMIÈRE PARTIE.

DES TROIS GRANDES ÉPOQUES DE LA SERVITUDE
Chap. XX et suivants.

Dans cette seconde partie ou époque du livre de l'*Avenir* de M. Nicod, cet auteur cherche des comparaisons dans l'Écriture-Sainte ; il compare le duc de Normandie à Moïse sauvé des eaux. Ce même duc sauvé de la tour du Temple et du massacre des Innocents de France, doit sauver la France sans passer ni mer, ni Jourdain, pour arriver à la terre promise du bonheur. Puis il croit trouver encore un autre trait de similitude entre Moïse et le fils de Louis XVI, l'un et l'autre se sont expatriés. Puis il met en scène Jésus-Christ lui-même, qui s'est aussi, dit-il, expatrié en descendant du ciel. Moïse est en butte à l'hostilité passagère de sa sœur aînée, et Jésus-Christ l'est lui-même à celle de la Synagogue, sœur aînée du christianisme; comme il veut que le duc de Normandie ait été en butte aux altercations passagères de sa sœur. L'auteur cite les efforts qu'a faits aussi Louis-Philippe pour produire un faux Christ ou dauphin, dans le *prussien* nommé *Naundorf*, en avançant que cela même montrait l'existence du véritable dauphin que la Convention faisait poursuivre sur toutes les routes de France, comme évadé du Temple, en même temps qu'elle publiait sa mort, contrairement au témoignage et rapport du célèbre docteur Desault. L'auteur fait voir le parallèle qu'il y a entre le règne de Louis-Philippe et celui d'Hérode ; puis, il prétend que les plaies de l'Egypte ont fondu, sont tombées sur la France d'une manière spirituelle en punition et en figure de nos malheurs et de nos crimes. Il essaie de prouver que le *Christ* est mis de nouveau en parallèle avec *Barrabas*.

Enfin, selon l'auteur, les quatre caractères de la vie de l'ex-baron de Richemont, embrassent les quatre similitudes qu'on trouve dans Moïse et dans Jésus-Christ. Ici voilà l'imagination en travail. A la page 387, en parlant des plaies d'Egypte sous le fameux Pharaon Kherrès, il applique celle des ténèbres à la France ; il trouve partout des ténèbres dans la Société ; dans la vie civile on vit au jour le jour, tout s'ajourne, on marche en tâtonnant vers l'abîme jusqu'à ce qu'on appelle Louis XVII. Ainsi, conclut-il, on ne peut bâtir sur un terrain mouvant où tout illusionne et fait peur.

Ténèbres.... Je m'arrête, dit-il, si la religion a des mystères adorables, contemplons-les en silence, et il conseille de jeter un voile sur ce qui pourrait en affaiblir la vérité ou la déprécier.

> Gardons en l'adorant un silence profond,
> Le mystère est immense, la raison s'y confond.

Les effroyables ténèbres couvrirent toute l'Égypte pendant trois jours, l'éclair a passé de l'orient à l'occident, les *aigles* sont *rassemblés autour du corps...*

On pourrait ici, ce me semble, demander à l'auteur s'il croit reconnaître le vol *des aiglons de l'Empire*... Aussitôt après, le soleil s'est obscurci, la lune n'a plus donné sa lumière, des étoiles sont *tombées du ciel*, et ce sont les rois proscrits à qui il fait allusion... Les vertus célestes ont été ébranlées... Puis il ajoute, que celui qui lit entende !

La terre de Gessen seule est exempte des craintes et des ténèbres de l'Égypte, l'*ange exterminateur* passe à minuit, à l'heure des plus épaisses ténèbres, il frappe les premiers nés des Égyptiens adversaires aux desseins du Ciel. Exode X. 22.

L'auteur, page 388, pense que les trois jours dont il s'agit, ont commencé pour la France le 24 février 1848, et il les prend aussi pour la figure des trois jours de Jésus-Christ dans le tombeau, et comme ils n'ont pas été pleins, il présume qu'avant leur plénitude, la France aura commencé une ère ou vie nouvelle dans le tombeau des tourmentes politiques

Après avoir mis l'incrédulité des temps en avant, l'auteur finit en disant que les Juifs incrédules ne voulurent pas reconnaître la vérité, parce-que les Romains devaient venir, d'après la prophétie, saccager Jérusalem, leur capitale....

« L'armée, commandée par *Titus*, vint en effet « l'assiéger, et la vérité prédite sur leur ville fut « perdue pour eux. »

Eh ! que ne dirait donc pas l'auteur, si, consultant le *Mirabilis liber* attribué à saint Césaire, traduit du latin gothique de Béméchobe, lequel dit qu'un jeune prince captif, dernier rejeton des lys, remontera sur le trône de ses pères, conduit ou guidé par un saint pape et un empereur; que l'aigle s'unira au lys, et que les fils de Brutus doivent périr dans l'île de France (Paris). Ce passage est extrait de la traduction du latin gothique de l'ouvrage; elle m'a été *saisie* en 1830, époque de l'impression, à Lyon, de la copie fidèle du texte latin, sous le gouvernement de Louis-Philippe.

Que de faits divers ont été prédits pour la France, qui devait s'entourer de camps et de forts...... On y parle aussi de siéges de villes, et Lyon a été trois fois assiégé, en 1793, en 1831 et en 1834, et la Croix-Rousse en juin 1848; et puis cet héritier ou duc d'Orléans, qui périt d'accident sur le chemin de la *Révolte*, et Louis-Philippe, chassé à son tour, n'évite la mort que par la fuite la plus honteuse en février 1848.

Je dois dire aussi, à la gloire de la générosité du peuple français, que le malheur a toujours eu chez lui un droit sacré à l'indulgence, à ses bienfaits : le malheur ne doit pas rester abandonné à la cruauté de ses lâches ennemis; c'est au contraire une raison de plus de l'accueillir, de le défendre. Personne en ce monde ne peut se promettre d'être toujours heureux, personne aussi n'est juge et partie dans sa propre cause....

Quant aux similitudes qu'on cherche dans l'Écriture-Sainte, pour en faire des applications en faveur de tel personnage préféré, ce ne sont pas des preuves, mais des inductions qu'on en peut tirer tout au plus.

Pie IX, consulté, disait « quant aux révélations, « qu'il fallait être prudent, et bien s'assurer de leur « authenticité. Trop de facilité à croire conduit à la « superstition ; trop d'obstination à ne pas croire « conduit à l'impiété : *un homme prudent ne dédai-* « *gne jamais* ce qui descend du ciel. »

Je range et place dans les assertions non probables de l'auteur le trait suivant : En 1815, le duc incertain de Normandie se serait présenté et aurait été reconnu du prince de Condé, de la duchesse douairière d'Orléans, de la duchesse d'Angoulême ; mais celle-ci, après un moment d'émotion, qu'elle surmonta, l'aurait repoussé en ces termes, qui sont à eux seuls une reconnaissance formelle, dit l'auteur : « Allez, allez ! vous êtes la cause de bien des mal- « heurs, et jamais mes bras ne s'ouvriront pour re- « cevoir l'ennemi de ma famille. » Le duc de Berry, témoin de cette réception, se serait efforcé, mais en vain, d'obtenir que le chef de la famille reconnût le malheureux orphelin. Le même prince aurait protesté contre tout ce qui s'est fait, surtout contre les traités de 1814-15.

Il protesta hautement, dit l'auteur.

Après deux ans de voyages lointains, il arriva en Italie ; il fut arrêté et conduit prisonnier à Milan ; il fut même mis au secret, sur la demande du gouvernement français.....

Le duc de Berry, en apprenant l'arrestation de son cousin, aurait fait d'énergiques représentations ; et comme Louis XVIII voulut faire sentir que cette mesure était dans les intérêts du duc de Berry, celui-ci aurait répondu : *Justice avant tout*, mon oncle.

Il y aurait à présumer qu'un testament en faveur du baron de Richemont aurait été fait, dit l'auteur, par Louis XVIII, et qu'il aurait été déchiré depuis par des gens de la cour. Cependant, *la Gazette de Lyon* du 15 juin 1849 a traité M. de Richement *d'intrigant*, qu'on calomnierait, dit M. Nicod son défenseur. Pour moi, je dirai aussi la même chose contre les adversaires de ses parents, et contre les champions de la Normandie. Défendez-vous, messieurs ; ne calomniez pas.

Enfin, l'auteur s'est plaint page 140 que plusieurs lettres furent adressées à MM. Berryer, de Montbel, etc., et à M. de Larochejacquelein sur l'existence du duc de Normandie, et qu'elles sont toutes restées sans réponse. Certes, ce n'est pas étonnant, qu'on n'ait point répondu à des lettres anonymes et sans adresse.

J'en aurais peut-être fait autant en tel cas.

Des élections.

M. l'abbé entend tout concilier dans la pondération des pouvoirs qu'il propose ; il voit le droit lié au devoir dans toute la nature, qui ne vit que d'*as-*

piration et de *respiration;* tous les corps, dans son sein, se meuvent et se soutiennent dans l'espace; et ces corps physiques obéissent au mouvement de la force centripète et à la force centrifuge... Ainsi burinée dans la nature, cette loi a dû se fondre avec le droit, qui a créé l'axiome : *Do ut des, facio ut facias.* Je donne franchement pour que tu me donnes; de même, je fais pour que tu fasses.

Ainsi l'arbitraire est banni partout, et la réciprocité doit être mutuelle, spontanée et solidaire en toutes choses, et tout bon citoyen a le droit acquis de jeter sa pensée dans l'urne des destinées, comme dans la balance de la pensée publique. Arrière donc de nous toute oligarchie et anarchie; il n'appartient à personne de nous priver de ces droits sacrés qui sont autant de chaînes d'or que la Divinité a placées au-dessus de toute chambre possible, et qu'elle lie à la pierre angulaire de l'Eglise catholique-romaine, d'où sortent tous les fils du grand anneau social. Il veut que l'élection, partant du cens, ait sa base dans le droit civil. Tout citoyen contribuable ne peut perdre le droit d'électeur ; l'élection aurait trois *degrés* qui se feraient en vertu du *cens,* l'un dans la commune, le deuxième dans le canton, le troisième dans le cheflieu. L'auteur assure que cette combinaison préviendrait tout excès, tout désordre moral; qu'il aurait sa barrière infranchissable devant le devoir du droit.

La Révolution et ses progrès.

On a parlé en tous sens de la Révolution de 1789, et l'on s'est demandé quel développement elle a donné à l'esprit humain ; a-t-elle relevé la dignité humaine, amélioré le système politique? Les lumières ont progressé, elles se sont plus répandues que jamais ; elles ont dû passer à l'épuration des débats et des tribulations.

La dignité y a peu gagné, et celle du citoyen s'est améliorée sensiblement; on appréciera toujours l'*égalité devant la loi*, l'abolition des priviléges et des droits seigneuriaux, la liberté civile, la liberté des cultes, la *liberté politique* surtout, qni sont des contrepoids de sagesse, et des armes de certaine valeur contre le despotisme et l'arbitraire. Mais le scepticisme, qui détruit tout, anéantit toute distinction entre le juste et l'injuste, rend ses arrêts selon l'intérêt égoïste, et devenu matérialiste, séducteur, rend à qui veut l'entendre, ses oracles imposteurs ; et quand le mal est presque sans remède, on jette au visage du politique malade, le désespérant *c'est trop tard*. Ainsi l'on passe de la voie du progrès à la nuit des tombeaux : et d'où vient le *tort* après tant de funestes essais? c'est de vouloir bâtir sur le sable d'un océan trompeur. Trois grands objets appelaient des réformes, avoue M. Nicod : l'élévation spirituelle des classes inférieures et bourgeoises, la station opiniâtre des classes élevées qui faisaient peser en grande partie le lourd poids des impôts sur le tiers état, si dédaigné par l'orgueilleuse opulence, et la situation fausse de la monarchie.

Le haut clergé d'alors joignait quelquefois ses efforts à ceux de la noblesse ; la Religion, cette pure fille du ciel, fut confondue par l'ignorance et la mauvaise foi avec des ministres pervers, renégats ; de là les persécutions horribles des tyrans insatiables d'or et de sang, à la tête desquels figurèrent à Lyon, l'ex-moine Fouché de Nantes, le comédien Collot-d'Herbois, et l'ex-avocat cul-de-jatte Couthon, etc., etc. De tels hommes étaient faits pour faire abhorrer les bienfaits des améliorations républicaines, qu'on prêchait le sabre ou le poignard de la terreur d'une main, de l'autre, avec des tables de proscription, de confiscation, de démolition vandale. Ce n'était pas là, certes, la fraternité, la liberté, l'égalité en droits et en devoir de tous et par tous; c'était bien le moyen de soulever l'indignation et le désespoir des meilleurs et généreux citoyens. La guerre civile parut armée sur presque tout le territoire; mais la désunion, mais des promesses fausses et la peur les firent tous succomber, et l'anarchie succéda avec ses nombreux instruments de mort, ses fusillades et ses fatals tombereaux.

La France avait été consultée en 1789 par son roi, et attendait, appelait la liberté politique, l'*égalité* des charges, l'abolition des priviléges et la réforme des abus; mais la religion catholique devait rester celle de l'Etat avec la liberté des cultes, et la forme du gouvernement monarchique, héréditaire de mâle en mâle, suivant la loi salique. Ici M. Nicod nous fait observer que les mandataires de 1789 , oubliant la plupart leur mandat, touchèrent à l'arche du salut et franchissant le Rubicon, se constituèrent en Assemblée Nationale, en Constituante, en Convention, en Directoire, et mettant leur volonté à la place de la sagesse, ils bouleversèrent et précipitèrent la France dans des malheurs et des maux incalculables. La Réligion, cette grande et souveraine lumière de l'intelligence fut traitée de superstition, vit son culte proscrit et les temples du vrai Dieu changés en temple de la Raison, représentée par une déesse impudique, idole du vieux paganisme et des véritables superstitions; et c'est là le bienfait rétrograde que l'anarchie nous promet toujours, avec la loi agraire et le triomphe du crime et de la misère, que le bon sens public social uni repoussera toujours, personne n'en doute. Enfin l'auteur, M. Nicod, rappelle souvent en aide la comparaison de Moïse enfant, sauvé des eaux par la princesse *Thermutis*; il cite tous ses travaux, sa retraite et ses peines avant de passer la Mer Rouge. Il ne peut ou n'ose affirmer si les Israélites seront les *blancs* et les Pharaons les *rouges*; où sera le Mont-Sinaï de la France? et quelle est sa Babylone?

La servitude, dit-il, a grandi avec le protestantisme, et affirme qu'elle a 333 ans d'existence depuis le *moine augustin* Luther, et ce fougueux et immoral abbé Calvin, qui depuis ligué avec tous les rénés, *ont élevé autels contre autels* et ensanglanté le monde. A son tour et sans bien s'en douter, M. Nicod tombe dans l'erreur de plusieurs de ses devanciers co-hérétiques ; tout en reconnaissant le prix infini du sacrifice du Calvaire, il appelle la nécessité des trois délivrances bien qu'œuvres extérieures, il les rend communes aux trois personnes divines, et elles portent le caractère distinct de chacune d'elles. Il raconte comment le sacrifice du Calvaire est renouvelé *in spiritu*. Voyez page 331 de l'*Avenir*, etc. C'est un objet de la mission personnelle du Saint-Esprit; il parle de son enseignement, et il annonce ainsi une troisième *délivrance* du grand *désordre* de la *grande servitude* de la *Babylone* de France, et il conclut qu'un *événement* dans l'*ordre surnaturel* doit nous donner un libérateur, et que nous devons le reconnaître aux signes frappants de similitude qu'il doit avoir soit avec Jésus-Christ, le libérateur réel et divin, soit avec Moïse, le libérateur figuratif. Et voilà l'erreur où son savoir imaginatif l'a entraîné !

Cependant l'auteur avoue que le monde n'a plus besoin d'être racheté, que le sang qui a coulé sur le Golgotha couvre de sa vertu toutes les rédemptions, soit la première, soit la deuxième, que la lumière qui éclaire les intelligences, rayonne dans le monde, éclairant tout homme de bonne volonté. Il avoue qu'aux mérites infinis du sacrifice du Calvaire, nous sommes redevables de l'œuvre de la libération, etc., que cette œuvre cependant renferme successivement, et en laissant à chacune son caractère particulier, les trois délivrances, celle de la servitude du *corps*, par Moïse ; celle de la servitude de l'*intelligence*, par Jésus-Christ ; enfin celle de *la volonté*, par Louis XVII.

M. Nicod, arrivant à Napoléon Bonaparte, dit que les passions anarchiques et sanguinaires ont été enchaînées d'abord par les trois grandes concupiscences : 1° celle des yeux ou l'ambition de la gloire, c'était l'*Empire* ; puis, celle de la prudence de la *chair* et le simulacre des vertus, c'était la Restauration ; enfin, par l'*orgueil de la vie* ou de la domination par la matière, c'était le système immuable du juste-milieu ou *quasi-Restauration*.

Ici, les trois grandes concupiscences qui ont successivement déroulé, plié, roulé, même encordé le drapeau de la liberté, ont presque achevé leur règne par l'avénement de la jeune République de 1848, qui serait selon le sens de M. Nicod une transition providentielle pour arriver à la troisième délivrance.

Cette troisième délivrance serait préparée en communauté par les trois personnes divines ; mais elle serait l'œuvre de la mission personnelle de l'Esprit-Saint.

L'auteur déclare que Jésus-Christ a triomphé après les humiliations, les condamnations, etc., que le sacrifice divin une fois consommé, la vérité a triomphé et qu'elle triomphera encore lorsque l'esprit de vérité, le consolateur sera venu, etc.

Cette troisième délivrance n'est que l'extension des

deux premières, par conséquent de la *liberté*, de l'*égalité*, de la *fraternité*, et voilà le complément du symbole qui doit vivifier la *Société* relaté d'après l'*ouvrage erroné*.

Après ce narré mystique, l'auteur s'humanise avec plaisir et prédit l'âge d'or nouveau, cet Éden où le loup habitera avec l'agneau, et le léopard se couchera sans danger auprès du chevreau ; le veau, le lion, la brebis, demeureront ensemble, et un petit enfant les conduira tous. Le veau et l'ours iront dans les mêmes pâturages, leurs petits se reposeront les uns avec les autres. Désirons, et qui ne désirera la prompte arrivée de ce règne sauveur si vanté, qui doit détruire la jalousie d'Ephraïm, et faire périr les ennemis de Juda. Le Seigneur élèvera sa main sur le fleuve, il le frappera et le divisera en sept ruisseaux. Ainsi le rayon réfracté du soleil de *Novembre* fut divisé dans l'arc-en-ciel passager de la vraie liberté (1).

Revenons actuellement au mandement de Mgr l'Archevêque, et à la censure de l'ouvrage de M. Nicod.

Monseigneur y distingue l'illuminisme qui affaiblit plusieurs beaux passages empreints de talent et de piété ; quelquefois l'écrivain s'élève aux accents d'un quasi-prophète, et nous fait lire dans l'avenir. S'il a la

______

(1) Ici l'auteur fait allusion aux cocardes couleur arc-en-ciel qui furent saisies à Lyon, par la police de Louis-Philippe, sur la dénonciation de la femme du rédacteur de la *Glaneuse*, et d'un sieur Rosset, ex-fabricant de papier peint de Lyon.

connaissance de certains faits, *il ne la doit à aucun témoignage humain*, (page 359 de l'*Avenir prochain de la France*.) S'il a pu dans sa vie révéler certaines choses, il ne les avait pas demandées à la terre. (*Ibid.* page 433.) Il peut préciser le temps *où la France recouvrera* une nouvelle vie. (*Ibid* page 434.) Il salue un avenir que le Ciel lui découvre, l'esprit de Dieu souffle où il veut. (Joan. 111. 8.)

Monseigneur déclare en s'adressant aux fidèles, qu'il n'a pas à s'occuper du côté politique de cet ouvrage, de l'*Avenir*... Il laisse à la Providence à résoudre des questions que *la Providence a abandonnées à la dispute des hommes*; il n'a pris la plume que pour défendre l'orthodoxie de la doctrine, et combattre les erreurs qui surabondent dans l'ouvrage en question, et il déclare qu'il n'a pas été obligé de former une commission pour exercer ce pouvoir judiciaire ecclésiastique.

M. le curé de la Croix-Rousse, dans deux lettres fort condamnables, insérées dans le numéro de l'*Inflexible*, de décembre 1850, a oublié tous les principes du droit canonique, quand il demande au secrétaire du chapitre de Nantes, *où est la commission qui a examiné son livre*. Il va jusqu'à exiger que l'évêque fournisse à son chapitre *la preuve ostensible* que le choix des examinateurs ne laisse rien à désirer : c'était suivant lui, une *obligation indispensable*. Comme si tout évêque n'était pas juge de la foi : comme si, lorsqu'un mauvais livre est publié dans un diocèse, le premier pasteur était obligé, pour le condamner, de déléguer à d'autres le pouvoir judiciaire qu'il a reçu de Dieu ; comme si, pour corriger des abus et arrêter le cours d'une erreur pernicieuse, il ne lui était pas permis de prononcer une sentence *extra-judicialiter* ou de *plano*. Ces lettres distillent d'après le mandement le venin du presbytérianisme ; l'auteur aurait bien dû se souvenir des règles certaines de l'Eglise sur l'impression des livres qui traitent de la Religion. Le Concile de Trente, après le 5e Concile de Latran, lui aurait appris que personne ne doit imprimer un livre sur les choses religieuses sans l'avoir soumis à l'examen et à l'approbation de l'Ordinaire : *Nulli liceat imprimere... quosvis libros de rebus sacris... nisi primùm examinati probatique fuerint ab Ordinario.* Conc. Trid.. sess. 18.

Monseigneur dit que les inexactitudes du langage de ce livre nuisent à la clarté et aux notions théologiques, ainsi que l'assemblage des expressions qui se repoussent mutuellement... pour y trouver la justification de nos paroles. En ouvrant le livre on lit, p. 7 : Dieu ayant créé l'homme pour vivre en société, ne pourrait sans se contredire et sans blesser en quelque sorte sa justice, léser notre souveraineté et notre liberté. — P. 8 : *Dieu est aussi le flux et le reflux de la vie par essence. Dieu est la réciprocité la plus parfaite des droits et des devoirs.*—P. 12 : *Le principe des principes* (Dieu) *est l'âme du flux et du reflux de la vie commune.*—P. 13 : *Jésus-Christ est la racine et le tronc* de ce grand arbre social qui se divise en deux branches, dont l'une est la *vérité religieuse, et l'autre la vérité politique... en sorte que la religion et la politique se fondent ensemble* (1).

Tout dans ces propositions est obscur, équivoque, malsonnant. Mais, pour obéir aux prescriptions de Benoît XIV, dans sa Bulle *Sollicita*, § 18, 19 on a cherché et trouvé ces mêmes propositions, expliquées par d'autres avec un sens plus orthodoxe; autrement

______

(1) M. Nicod a extrait ce dernier passage de Plutarque, vie de Numa; en effet, dans l'antiquité, la Religion et la politique *se fondaient ensemble*. Consultez l'origine de Rome, Romulus fut à la fois roi et grand-prêtre, il en fut de même de Numa; Aaron, frère de Moïse, marchait de front avec son frère le conducteur du peuple de Dieu. Chez les Romains, les Empereurs n'embitionnaient-ils pas le titre de *souverain pontife*... Et encore de nos jours, les souverains de l'Angleterre et de la Russie n'ont-ils pas usurpé les titres des Chefs de la Religion schismatique de leurs états.

Si l'auteur a voulu parler des principes évangéliques qui doivent baser les lois de la saine politique, il aurait raison de dire que la Religion et la politique doivent sortir de la souche divine, et se divisent en deux branches. Les rouges ou socialistes seraient dans le vrai, s'ils demandaient sincèrement l'application de l'Evangile au progrès réformiste. Mais sont-ils tous catholiques désintéressés, — je crois, en général, leurs demandes en contradiction avec les principes évangéliques, en raison de leurs menaces et de leurs manifestations athées; il faudrait en tout, bonne foi et sincérité. — A quoi bon ces convois funèbres à cortèges innombrables et sans aucun signe religieux!... ô temps, ô mœurs !

on y eût condamné l'hérésie de l'abbé Joachim anathématisé par le 4ᵉ Concile de Latran pour ne voir
dans la Trinité qu'une *unité collective*, semblable à
l'unité morale qui résulte de l'agrégation d'une multitude d'hommes formant un peuple.

Cet auteur aurait encore pu être condamné comme
tendant à limiter la toute-puissance de Dieu sur
ses créatures, son indivisibilité, et son indépendance
comme être nécessaire et libre.

Il y avait lieu à le blâmer comme reproduisant les
erreurs des *Panthéistes*, et dénaturant la mission de
Jésus-Christ, en le rendant prédicateur de religion
politique; par le fait, ces deux choses, d'après l'auteur
se fondent ensemble.

Cet auteur paraît tout préoccupé de l'objet essentiel de son livre, ne songe qu'à amener le triomphe
des droits de son héros qui lui paraissent incontestables, descend jusqu'aux fondements de la Société,
s'élève sur les hauteurs les plus inaccessibles de nos
dogmes sacrés, pour chercher dans son imagination
isolée un appui à la cause qu'il défend... Il laisse
sur beaucoup de questions des inexactitudes ou des
erreurs dans une pompeuse et vague argumentation.
La nature de Dieu, celle de l'homme et de la Société
ont tour à tour exercé sa plume. La chute de notre
premier père se présente à lui avec ses mystères.
« *Personne* que nous sachions, dit le curé de la
» Croix-Rousse, *n'a pris la peine de rendre compte*
» *de cette effroyable chute* (la chute originelle), d'en

» étudier le caractère, et de rechercher par quel
» endroit elle est devenue le principe de toutes les chu-
» tes, de toutes les erreurs, de tous les schismes et
» divisions... Jusqu'ici le caractère de cette grande
» révolution-mère est resté couvert d'un voile qui a
» favorisé les attaques de l'incrédulité. » L'*Avenir*...
p. 42. Cette proposition est téméraire, injurieuse à
l'Ecriture-Sainte, à l'autorité infaillible de l'Eglise, à la
tradition ; elle est scandaleuse, subversive de l'autorité
de l'Eglise, de ses jugements, de ses définitions doctri-
nales sur le péché originel. L'auteur n'a jamais lu ,
ou plutôt il aurait oublié l'*Epître de St-Paul aux
Romains*. Le Concile d'Ephèse, et les 25 *canons* du
Concile d'Orange qui expliquent clairement la doctrine de la chute originelle. Il ignore le décret du
Concile de Trente qui lui est très-étranger sur ce
point; tous les pères de l'Eglise, les papes, les Conciles n'en auraient pas dit un mot; voyez les pages 12 et
13 du mandement archiépiscopal. A la page 43 M. Nicod
ajoute : « une telle investigation (sur la chute du premier homme) appartenait naturellement à la théologie. Elle qui s'est donné carrière dans tant de questions oiseuses, aurait trouvé dans celle-ci une arme
puissante contre toutes les *erreurs, passées, présentes
et à venir.* » Il attaque ici non quelques théologiens,
mais toute la théologie enseignante sur l'Ecriture,
l'Eglise, la tradition, les Conciles et les Constitutions
des papes; il outrage donc l'*Eglise* dans son enseignement, et il met en doute sa sainteté et son infailli-

bilité. La Théologie n'a jamais négligé ni refusé de s'occuper de cette matière qui lui est si naturelle. Ce reproche n'est donc point fondé, saint Thomas et Suarez ont traité ce sujet : le premier, *de causá, de essentiá, de subjecto originalis peccati.* Lugd. 1701, in-12 ; Suarez, Operis de grat. div. tripart. édit. nov. Lugd. 1628, tom. I, III, IV. Ainsi la théologie n'a pas négligé ses devoirs *contre toutes les erreurs, passées présentes et à venir.* L'abbé Nicod prétend avoir découvert la solution de la question controversée en disant que la cause de la chute est, en ce que la *volonté dans l'homme a été mise à la place de l'intelligence.* Si la question devait être ainsi posée, il faudrait admettre, suivant le sens de l'auteur, que si la volonté dans l'homme a été mise par la désobéissance d'Adam à la place de l'intelligence, il en résulterait dit-on, que l'intelligence aurait été éteinte par cette chute ; que la raison s'est évanouie : alors la volonté s'est trouvée tout-à-coup sans lumière et sans guide. Plongée dans les ténèbres, il ne lui a plus été possible d'agir avec connaissance. Elle a donc perdu par là-même la faculté de choisir, et dès-lors ses actes n'ont plus été des *actes humains ;* conséquemment le libre arbitre a été anéanti dans l'homme, car d'après saint Thomas : *Liberum arbitrium esse dicitur facultas voluntatis et rationis.* Summa S. Thom. aq. pars I. II. quæst. I. art. I. Mais le libre arbitre ayant seul péché, la volonté a exécuté le délit, et le remord toutefois a réintégré aussitôt le flambeau et le droit de la raison, séduite un instant et obscurcie par l'esprit de ténèbres. Aussi Dieu qui nous montre que l'esprit est prompt et la chair faible, après avoir condamné Adam et Eve, leur promit contre tout désespoir un Rédempteur qui devait naître un jour de la femme qui écraserait la tête du serpent. Zwingle n'a donc pas eu raison de dire *que l'homme tout entier est nuit et ténèbre.* (Zwingle de canon. Missæ Epichresis, t. m.).

Le péché originel n'a donc point dépouillé la volonté de l'homme de tout libre arbitre. Le concile de Trente a déclaré que quiconque dirait que le libre arbitre de l'homme a été perdu et éteint par la chute d'Adam, que celui-là soit anathème, *si quis liberum hominis arbitrium post Adami peccatum amissum et extinctum esse dixerit anathema sit.* Conc. Trident. sess. VI can. 5; il n'a été qu'affaibli, *viribus attenuatum* (ibid. ch. I.). M. le curé Nicod reproduit une erreur donnée avant lui par Luther, Baïus, Jansénius et Quesnel, il n'a donc rien inventé; il a eu tort de s'éloigner de la doctrine de l'Eglise et de la calomnier dans le prétendu développement dont il s'est d'ailleurs rétracté. A l'erreur précédente M. Nicod a joint celle-ci : que *le mensonge est partout, et la vérité nulle part* (p. 44 de l'*Avenir*, etc.), cette proposition a été censurée et condamnée par Clément XI, dans la bulle *unigenitus*, et c'est la 39ᵉ de Quesnel. Mélanchton soutenait comme M. Nicod qu'*après la chute* d'Adam il n'y avait plus que mensonge : l'homme, disait-il, n'est que péché; *toute son activité va au péché* mortel. Mélanchton. Loc. comm. de peccat. act. et de pecc. divers. L'auteur de l'*Avenir* semble s'étayer de toutes les grandes hérésies pour défendre si mal le baron de Richemont.

Voici un autre passage non moins étonnant par son erreur : *Dans le cours de sa mission* (de Jésus-Christ), dit M. Nicod, *pour qui ses éloges, pour qui les effets généreux de sa puissance et de son amour sinon pour la foi,* ce grand flambeau de l'intelligence? que fera-t-il pour la volonté rebelle? Rien ! (p. 52.) Rien ! cette réponse renferme le pélagianisme dans toute sa crudité. Jésus-Christ n'aurait-il rien fait pour la volonté parce que le péché du premier homme ne serait pas passé à ses descendants, et que dans nous il n'y aurait eu rien à faire pour la volonté parce que la transmission du péché originel n'ayant pas eu lieu, il se serait contenté en descendant sur la terre, d'instruire l'homme par ses exemples et sa doctrine, au lieu de le racheter par l'effusion de son sang? Ce sont là les erreurs du moine de la Grande-Bretagne et d'Abeillard, condamnées par 24 conciles. (St. Bernard, Epist. 190). Et, la réponse de M. Nicod : *que fera-t-il pour la volonté rebelle?* en est l'exacte reproduction (1).

---

(1) Le *rien* de M. Nicod serait du fatalisme, de l'accablant désespoir. Dieu laisse sa grâce à tous, il n'autorise pas la révolte puisqu'il ordonne de rendre à César ce qui est à César, etc.;

D'autre part, cette phrase interrogative : *pour qui ces éloges* (de Jésus-Christ) *sinon*, répond-il, *pour la foi.* Jésus n'est pas venu sur la terre que pour la foi, mais bien pour la charité qu'il prêcha au peuple et aux docteurs de la loi lorsqu'il leur dit : *vous aimerez le Seigneur votre Dieu, voilà le premier et le plus grand des commandements* (Matth. XXII , 37 , 38.). Jésus-Christ loue plus la charité que la foi, car la foi sans les œuvres n'est qu'une foi morte. Là *charité* est le don fait à la *volonté* pour qui Dieu donne sa paix, et qui réconcilie l'homme avec Dieu.

M. Nicod appelle la foi le flambeau de l'intelligence, elle n'est pas non plus la première grâce, et la source des autres; la bulle *Unigenitus* condamne cette erreur.

Ici vient surgir avec une nouvelle surprise une nou- ailleurs il dit que celui qui veut être son disciple porte sa croix et le suive. Mais, la révolte accomplie, il donne sa charité pour tous ; et laisse à l'homme le remord du mal.....

Dieu fait du repentir la vertu des mortels.

Pour être impartial je dois citer cependant les mots que M. Nicod ajoute immédiatement après le mot rien ; mais il lui demandera. Et que demande-t-il? — Tout , si quelqu'un veut être mon disciple qu'il se renonce lui-même : *abneget semetipsum...* Pour incliner à une humble obéissance cette volonté toujours rebelle dans son orgueil, sa vie (de Jésus-Christ) est une obéissance continuelle *depuis sa naissance jusqu'à sa mort, la mort de la croix.*

velle erreur, car, dit le même auteur, tout esprit sérieux n'est pas arrivé (voir l'*Avenir de la France*, p. 57,) *jusqu'à ce moment* sans s'être aperçu que la Société aurait aujourd'hui un besoin pressant d'un *Réparateur*. Suivant l'auteur précité la révolution de 1789 a répandu dans le corps social un virus immoral qui, de la tête, s'est inoculé dans tous les membres en général et les a entachés comme d'un deuxième péché originel (*ibid* p. 225). Cette perturbation a un caractère surnaturel; il faut donc entrer dans un ordre surnaturel pour chercher un remède à un mal d'un caractère surnaturel (*ibid.* p. 226.)

Un événement se prépare qui, par sa similitude avec les plus sublimes mystères de la foi, est immense, surnaturel et divin (*ibid* p. 237); une troisième libération est *devenue nécessaire*, une libération analogue à celle de Moïse qui a délivré le corps, à celle de Jésus-Christ qui a délivré l'intelligence, la libération de la volonté (*ibid.* p. 335); il est évident que ce n'est pas ici une œuvre purement *humaine*, mais une œuvre surnaturelle et divine, même l'un des chefs-d'œuvre de la puissance et de la miséricorde du Très-Haut (*ibid.* p. 336.) Sans cette troisième libération, l'œuvre de la libération par Moïse et par Jésus-Christ *ne serait pas complète*. Ce n'est plus un ordre *providentiel* qui paraîtrait naturel, mais un ordre surnaturel qui nous donnera un *libérateur;* il aura une mission surnaturelle à remplir, c'est un troisième Messie que le monde attend en libérateur. Il doit venir de l'occident étant envoyé pour briser les fers de la *volonté* et compléter l'œuvre de Jésus-Christ; nous devons le reconnaître aux signes frappants de similitude qu'il doit avoir, soit avec Jésus-Christ le libérateur réel et divin, soit avec Moïse le libérateur figuratif, (*ibid.* p. 334.) Son existence (car il existe) fait briller d'un nouvel éclat tous les attributs divins; elle retrace avec une similitude frappante le mystère de la rédemption du monde; elle a plus d'un rapport direct avec Jésus-Christ, ainsi elle est en parfaite harmonie avec la Sagesse éternelle (*ibid.* p. 297).

Les caractères de similitude de ce nouveau libérateur avec le Christ sont si frappants, sa mission est si sociale et si nécessaire que notre auteur conclut que ce troisième réparateur occupe une grande place dans les Livres Saints et même dans la Tradition (*ibid.* p. 372). Les traits de ressemblance qu'il a avec les deux autres libérateurs sont une révélation bien authentique de la vérité... C'est un faisceau de lumière où l'autorité de la révélation venant à s'unir à celle de la raison, ne laisse aucune place au doute, aucun prétexte à l'incrédulité (*ibid.* p. 374). Ce troisième Messie a une mission bien plus laborieuse que celle dont Moïse a été l'instrument, étant *plus rapproché de Jésus-Christ* que le conducteur des Israélites, et plus intimement uni à cette grande Victime, il aura aussi une plus grande part à ses humiliations et à ses douleurs (p. 365, 66). Cet homme doit avoir en effet la destinée du Christ, qui est venu dans son propre héritage, et que les siens n'ont point reçu (*ibid.* p. 252). Il est la pierre angulaire que repoussent ceux qui bâtissent (253).

C'est bien aussi celui qu'on peut appeler l'homme de douleur (253). C'est le nouveau fils de David. Il est cette pierre placée dans Sion contre laquelle doit venir se heurter l'orgueil. Avant qu'il lui soit donné de lever la tête, il faut qu'il boive dans le torrent de Cedron (366). C'est une hostie d'expiation et de propitiation (254). Celui-ci est plus que Moïse puisqu'il ne fait plus qu'un avec le Christ, et que le Christ ne fait qu'un avec lui. (426). D'où il vient que le libérateur de la troisième époque doit se trouver prédit dans les traits mêmes de Jésus-Christ (427) (1).

Aussi M. Nicod déclare que ceux qui, en présence de ces raisonnements, oseraient nier l'existence du troisième Libérateur seraient plus qu'insensés ; ils atteindraient jusqu'au degré de l'impiété ; car ils ne peuvent détacher une pierre de son édifice sans en détacher une de l'édifice de la religion (356). Et ce Messie annoncé par les prophètes, figuré par Moïse et le Christ, et qu'on retrouverait dans la Tradition, c'est l'ex-baron de Richemont ; et cependant ce troisième Réparateur, qui le croirait, est resté inconnu à l'Église comme un être imaginaire, ou il faut dire ici que le baron de Richemont est un Messie, et l'Eglise, par ce fait, cesse d'avoir l'infaillibilité, mal-

(1) Pour moi, je crois à cette hypothèse au sens figuré.

gré l'enseignement de toute vérité que lui donne le Saint-Esprit, et Jésus-Christ aurait dès lors menti au monde comme son divin fondateur....

Ainsi ce partage de la libération entre Jésus-Christ et le baron de Richemont est une injure à l'efficacité de la Rédemption. Saint Paul, dans son beau langage, dit que Jésus-Christ a entièrement effacé le décret de notre condamnation, et qu'ayant désarmé les principautés et les puissances, il les a menées hautement en triomphe à la face de tout le monde. (Coloss. ii, 14.) Et saint Jean-Chrysostome, développant ce texte, dit « qu'après avoir terminé la guerre « avec le démon, le Christ, comme un vainqueur « glorieux, a suspendu à la croix toutes les armes « de son ennemi, la mort et la malédiction. » (Saint Jean-Chrisost. *Homil. de Cruce et Latrone*, 3.)

Ainsi, avec ce désarmement complet sur le Calvaire des puissances des ténèbres dont parle l'apôtre des nations, quelle nécessité y aurait-il à ce que Jésus-Christ ou un troisième libérateur, son délégué, revînt pour sauver la volonté après avoir sauvé d'abord l'intelligence?

M. Nicod consacre le chapitre XXII de son livre à décrire la similitude du baron de Richemont avec Jésus-Christ. *Ces caractères de ressemblance*, assure-t-il, *sont fondés* sur les décrets de l'éternelle sagesse, qui les a gravés dans le type divin, et en a fait autant de mystères adorables qui caractérisent le Sauveur du monde, p. 356 de *l'Avenir de la France.*

Le premier caractère de ressemblance du baron de Richemont avec Jésus-Christ, c'est qu'il *a dû* être sauvé avant d'être *Sauveur* (p. 357), parce que le Rédempteur a *dû aussi être sauvé* avant de sauver les autres (*ibid.*) M. Nicod a compris qu'il fallait, cette fois, donner des preuves de ses assertions, et montrer, par de fortes raisons, que Jésus-Christ avait été sauvé avant de sauver les autres. Aussi voici comme il raisonne : une œuvre de libération ne s'opère qu'en faveur d'un esclave, et celui-ci ne devient libre qu'au prix de sa rançon; mais si cet esclave a mérité la mort, il n'aura de libérateur que dans celui qui mourra pour lui, ou qui offrira pour lui les mérites d'une mort infiniment précieuse. Le fils de l'homme ayant pris la forme d'un esclave pour sauver des esclaves *a dû être à lui-même son propre sauveur* avant de sauver les autres ; et c'est par l'application faite a lui-même *des mérites* anticipés du calvaire qu'il a été sauvé du massacre des Innocents. (*Ibid.*)

Ainsi d'après ce raisonnement, Jésus-Christ aurait eu besoin de la rédemption et de l'application des mérites du Calvaire, et dès-lors son âme sans tache avait donc quelque chose à racheter, à effacer; et voilà de l'absurdité, et une hérésie grossière du péché qui se lie à celle des Basilides et des *Carpocrates* (Clem. Strom. IV. 12.)

Ainsi les paroles de M. Nicod sont fort opposées à l'Écriture.... Saint Paul, écrivant aux Hébreux, leur dit clairement que Jésus-Christ, ce pontife saint, innocent, sans tache, n'était pas obligé comme les autres pontifes à offrir tous les jours des victimes, d'abord pour ses propres péchés, et ensuite pour ceux du peuple (Hebr. VII, 26, 27.).

Ainsi le pontife éternel n'avait point de fautes à expier ni dès-lors besoin de sacrifice, ni des mérites du Calvaire.

Jésus-Christ parlant aux Pharisiens de son dernier avènement, leur demande : *le fils de l'homme venant* (Jésus-Christ), croyez-vous qu'il trouve beaucoup de foi sur la terre (Luc XVIII, 8). Il est encore dit qu'il surprendra les vivants qui mourront à leur tour, et il jugera les morts sortis de leurs tombeaux à la voix de l'ange. Ce fils de l'homme est Jésus-Christ; mais est-ce Jésus-Christ en personne ou dans la personne de son représentant (l'ex-baron de Richemont). Ce ne peut être Jésus-Christ en personne, puisqu'il ne viendra ainsi qu'après la résurrection de la chair, et pour exercer le dernier jugement, alors ce sera la fin du monde, et il n'y aura plus de foi à chercher sur la terre. Là, l'auteur s'écarte de l'interprétation générale des Pères de l'Eglise et du vrai texte de l'Écriture-Sainte.

Enfin M. Nicod veut que le Saint-Esprit ait donné mission au baron de Richemont pour délivrer la *volonté*; car, dit M. Nicod, la *mission personnelle de l'Esprit-Saint* (page 341) est de se servir de l'ex-baron comme d'un instrument; que l'Esprit consolateur a été envoyé d'abord aux apôtres le jour de la Pentecôte, mais cet envoi doit recevoir bientôt un complément divin; c'est dès-lors le règne du Saint-Esprit sur la terre, et la troisième époque annoncée dans l'*Avenir de la France*. Et c'est là le pur renouvellement de l'hérésie de l'abbé Joachim (1) et de ses prosélytes, sur le règne du Saint-Esprit. Le concile d'Arles le condamna en 1260. Les *Joachites*, disent les Pères de ce concile, divisent en trois époques le temps qui sépare la création du monde de sa fin. Ils attribuent au Père la première, c'est celle de l'*esprit* de la *loi mosaïque*; ils attribuent la seconde au Fils, c'est ce qu'ils appellent l'époque de l'*esprit de grâce*; ils attribuent la troisième au Saint-Esprit, qu'ils assurent être le temps d'une grâce plus abondante et de sa vérité révélée, et ils appliquent à cette troisième époque ces paroles évangéliques : Quand l'Esprit de vérité sera venu, il vous enseignera toute vérité. Dans la première époque, les hommes vivaient selon la

(1) Joachim, abbé de Flore, monastère de l'ordre de Citeaux, s'occupa beaucoup du nombre ternaire, relativement aux trois personnes de la Sainte-Trinité. Il composa plusieurs écrits qui furent condamnés dans deux conciles, et qui remplirent de troubles le treizième siècle. Il passa pour prophète et pour un saint inspiré par des visions, eut beaucoup de disciples, amis du merveilleux et de ses nouveautés. Il est auteur des commentaires sur les prophètes et d'un livre de prophéties sur les papes ; etc.

On le croit fondateur de l'abbaye de Flore. Il était né à Célico en Calabre vers l'an 1130, et mourut vers 1202.

chair ; dans la deuxième, ils vivent selon la chair et l'Esprit ; dans la troisième, ils vivront selon l'Esprit. C'est la même époque attribuée au Saint-Esprit. (Labbé. Act. Conc. T. VII. Edit. Parisis, 1714. Conc. Arelat an. 1260. Præfat. p. 511.) C'est la même révélation de vérités inconnues, même effusion de grâces et de lumières célestes.

On observe ici que Montan, Manès, Amaury, David de Dinan, avaient aussi débité leurs rêveries impies sur le Saint-Esprit. Celles de *Michel Vintras* ne lui ont pas été inconnues ; il est même à présumer que M. Nicod a bâti son système du troisième règne sur la copie et calque fidèle de ces sectaires du treizième siècle, etc., ou bien il faut dire que l'erreur en délire s'est fort bien rencontrée avec la sienne, et il y a eu embrassement sur ce point.

L'Eglise dans sa sagesse, dit M. Nicod en terminant ses erreurs principales, — p. 344 de son livre l'*Avenir de la France* : l'Eglise se réserve dans les oracles sacrés l'interprétation morale et dogmatique qui n'appartient qu'*à elle* sur bien des oracles, et sur une foule de passages de l'Ecriture qui sont encore pour nous comme un livre scellé de sept sceaux, etc.

L'Eglise, lui a répondu le mandement archiépiscopal, n'agit pas arbitrairement et de son chef, mais parce qu'elle est dépositaire de la vérité infaillible de l'Evangile, de son chef invisible Jésus-Christ ; parce que Dieu a promis d'être avec elle jusqu'à *la fin des siècles*, de l'aider et de décider par sa bouche ; il interprète avec elle, et la rend infaillible. L'Eglise catholique, apostolique, romaine, n'a de puissance, de *pouvoir spirituel* législatif, judiciaire, coërcitif, que *par* et *pour* Jésus-Christ dont le royaume n'est ni *politique*, ni de ce monde. La vérité, comme dit saint *Ambroise*, notre illustre compatriote, étant *assise* dans le *vaisseau* de l'Eglise, la sublime barque de Pierre ne peut périr malgré tous les efforts des puissances infernales. En l'écoutant dans ses attributions saintes ou en la méprisant, c'est Jésus-Christ qu'on écoute ou qu'on méprise en elle.

Pour arrêter ou prévenir enfin toute irruption dans le sanctuaire des doctrines sataniques,.. le Concile de Trente ordonne, « pour arrêter et contenir les esprits inquiets et entreprenants, dans les choses de la foi et des mœurs, en ce qui appartient à l'édification de la doctrine chrétienne ; personne, se confiant en son propre jugement, n'ait la témérité de tirer la sainte Ecriture à son sens particulier, ni de s'écarter dans son interprétation du sens que l'on a donné et que lui donne notre mère la sainte Eglise. » (Conc. Trid. sess. IV, decret. de editione et usu sacr. libr.) et il a stigmatisé tous ceux qui appliquent les Saintes Ecritures à des choses profanes, en les appelant profanateurs et violateurs de la parole de Dieu. *Temérátores et violatores verbi Dei.* Ainsi, le livre des erreurs de l'auteur de l'*Avenir de la France* doit être repoussé par tous les fidèles. Et le mandement qui condamne M. l'abbé Nicod, conseille de ne pas croire aux révélations sans preuves, de faire du bien à l'indigence, et de s'attacher à *l'autorité de l'Eglise* qui *est le fondement* et *la colonne de la vérité* contre tout insensé prédicant de nouveaux *Christs*, etc., etc.

Le mandement de Mgr de Bonald défend à tous ses diocésains de lire et de retenir les ouvrages du curé de la Croix-Rousse, dont il est ici question ; il ordonne au dit curé de lui faire parvenir dans la huitaine, à dater de la réception de son mandement, la rétractation des erreurs que nous venons, dit-il, de condamner, *sous peine de suspense de toutes ses fonctions.*

Et sera, poursuit-il, notre présent mandement envoyé aux curés de notre diocèse, aux supérieurs de nos séminaires, etc. Donné à Lyon, en notre palais archiépiscopal, sous notre seing, le sceau de nos armes et le contre seing de notre secrétaire, le 2 février, jour de la purification de la Sainte Vierge, 1851.

Signé : † L. J. M. card. de BONALD,
arch. de Lyon.

Par mandement, Allibert, chan. secrét.

Suivent p. 34 et 35 du dit mandement des lettres, une de Mgr. l'évêque de Belley qui repousse et plaint l'erreur de l'auteur ; et une autre de M. Jeancard, archipr., vic. gén. de l'évêque de Marseille, rédigée dans le même sens.

APPENDICE

SUR LES

FAUX DAUPHINS.

———

C'est une chose curieuse à lire que l'histoire des faux princes héréditaires et des faux dauphins. M. l'ex-baron de Richemont a fait soulever le coin du rideau à la presse controversiste comme à la presse politique, et cette question a été traitée de vingt manières différentes, chaque cause a eu ses camps, ses champions, ses vanités, ses intrigues.

On trouve dans l'histoire du monde des traces de nombreux aventuriers qui se sont présentés pour succéder à tels princes, tels empereurs, tels rois, si nous remontons aux temps antiques, on trouve chez différents peuples plusieurs traits de ce genre.

L'historien Hérodote, liv. III, rappelle à notre souvenir le fameux Smerdis, mage de Perse, qui cachait sous une apparente simplicité, une ambition démesurée. Encouragé par Palizithès, son frère, que Cambyse à son départ pour l'Egypte avait chargé de l'intendance de sa maison et de l'administration de son royaume, Smerdis forme donc alors le hardi projet de s'emparer du trône.

Cambyse sur la foi d'un songe terrible, avait fait égorger son frère qui portait aussi le nom de Smerdis ; mais ce crime n'était connu que d'un petit nombre de personnes. Profitant de sa ressemblance avec le frère de Cambyse, le mage se fit reconnaître pour le véritable Smerdis, et envoya dans l'empire, des héraults annoncer que cédant aux vœux des peuples, il venait prendre possession du trône.

Cambyse se disposait à se rendre à Suze pour punir l'usurpateur, lorsqu'il mourut d'une blessure qu'il s'était faite à la cuisse.

La mort de Cambyse semblait assurer au mage la possession du trône, mais il pouvait craindre que sa fourberie ne fût tôt ou tard découverte ; il se tenait renfermé dans son palais, ne laissant approcher de sa personne que ses confidents les plus intimes. Cet excès même de précautions fit naître des soupçons. Le mage avait eu les oreilles coupées par l'ordre de Cyrus, pour une faute grave. Une de ses femmes, instruite de cette particularité, s'assura qu'il était sans oreilles, et révéla ce fatal secret.

Bientôt une conjuration se forme pour renverser l'imposteur. Les chefs, au nombre desquels était Darius, se présentent à la porte du palais, égorgent les gardes et pénètrent dans l'appartement du mage, qui se trouvait dans ce moment avec son frère. Avertis par le bruit, ils s'étaient mis en défense, mais accablés par le nombre, les deux mages furent tués, et leurs têtes sanglantes furent portées dans les divers quartiers de la capitale et exposées à la curiosité du peuple.

Les Perses surtout avaient en horreur le mensonge et la fausseté. L'auteur assure même que, furieux d'avoir été trompé, le peuple s'en prit à tous les mages, ceux qu'il rencontra dans les rues furent impitoyablement massacrés; la nuit seule qui survint, en sauva quelques-uns de ce massacre général.

Au rapport d'Hérodote, une fête solennelle fut instituée en Perse, pour perpétuer le souvenir de cette journée, elle eut un nom persan qui répond au mot grec *magophonie* (massacre des mages). On cite à la louange de ce mage usurpateur, que pendant les sept mois qu'il régna, ce temps fut signalé par de nombreux bienfaits, et en Asie surtout il fut pleuré.

Démétrius (Soter), roi de Syrie, recouvra le trône de son frère Séleucus IV dit Philopator, l'an de Rome 592 (161 ans avant Jésus-Christ) grâce à l'amitié et aux conseils de l'historien Polybe, ayant été élevé à Rome, il sut s'enfuir quoique ôtage de son oncle qui lui avait ravi le trône, et de plus avait placé son fils *Eupator* à sa place.

A son arrivé en Syrie, le *jeune Eupator* périt assassiné, on ne sut par qui. Démétrius ayant pris possession de ses Etats, chassa bientôt du trône Ariarathe, roi de Cappadoce, pour un refus de mariage fait à Laodice, sa sœur. Ariarathe détrôné est rappelé par ses sujets, se ligua pour se venger avec Attale, roi de Pergame, et Ptolémée Philométor, roi d'Egypte. Ces trois rois se servirent pour perdre Démétrius, d'un certain *Héraclide*, qui était trésorier de la province de Babylone, et son frère *Timarque*, en était gouverneur. La tyrannie et les exactions de ces deux frères, avaient fait exiler Héraclide, mais Timarque avait péri sur les plaintes des Babyloniens. Héraclide se réfugie à Rhodes et là, soutenu par les rois de Pergame, de Cappadoce et d'Egypte, il trame contre Démétrius. Il fit passer un jeune homme nommé Bala, pour fils d'Antiochus Epiphanes ; et après avoir obtenu le consentement du Sénat romain, ce faux prince soutenu par les troupes des rois conjurés contre Démétrius, entra en Syrie, accueilli par les mécontents, et prit le nom d'*Alexandre.*

Démétrius en paix avec ses voisins, s'était retiré dans un château qu'il avait fait construire près d'Antioche, s'y livrait à la mollesse et aux plaisirs, oubliant les devoirs de la royauté. Il était le dernier rejeton des Séleucus, roi de Syrie.

La révolte de *Bala* le réveilla de son inertie, il sortit de sa retraite et marcha contre l'usurpateur, à la tête de son armée.

Il tenta de s'attacher Jonathas, roi de Judée, en lui promettant de grands priviléges, mais les maux qu'il avait causés à cette nation, la déterminèrent à suivre le parti de l'usurpateur Alexandre.

Démétrius vainqueur au premier combat, fut ensuite défait, et succomba malgré vingt actions de valeur et de courage. Il se défendit longtemps à pied contre des groupes de soldats qui l'accablaient de coups redoublés. Blessé de tout côté, il périt ainsi dans cette mêlée, et laissa le trône à un rival si peu digne d'y monter. Il régna près de onze ans, suivant ses médailles, car elles portent la date de l'an 153 jusqu'à l'an 162 de l'ère des Séleucides.

Son fils Démétrius II, Nicator sauvé avec Antiochus, son frère, à Cnide, auprès de Lasthènes, qui les garda pendant les cinq ans que dura le règne d'Alexandre *Bala*. La Syrie se révolta contre ce tyran, on forma des vœux pour Démétrius II qui, aidé de troupes auxiliaires, s'empara de la Cilicie et se dirigea sur Antioche.

Bala demanda, mais en vain, du secours à Ptolémée sou beau-frère, qui se voyant retenu en Egypte par un complot formé contre sa personne, se rangea du côté de Démétrius, en lui faisant épouser sa fille, la célèbre et belle Cléopâtre, déjà femme d'Alexandre Bala, Ptolémée pacifia Antioche qui se donna à lui, et la rendit généreusement à son beau-frère Démétrius.

L'usurpateur Alexandre Bala tenta de nouveau le sort des armes, mais il fut vaincu après un combat sanglant, où Ptolémée fut blessé mortellement. Ce Bala s'enfuit en Arabie, où il trouva le juste châtiment de son usurpation. Un prince nommé Zabel ou Zabediel lui fit trancher la tête.

Ces exemples terribles que je me borne à présenter ici aux réflexions des fabricants de princes, doit suffire pour faire méditer sur le sort des faux dauphins, passés, présents et à venir.

On a connu dans le temps un nommé Hervagault, Jean-Marie, qui se présenta pour un Louis XVII, en 1796, sous le Directoire, et fut condamné, puis arrêté de nouveau à Vitry, en 1802, sous le Consulat, et condamné à quatre ans d'emprisonnement pour imposture et récidive, et avoir abusé de la crédulité publique à l'aide de faux noms et de fausses qualités ; enfin, il fut enfermé à Bicêtre, où il mourut dans le plus profond oubli et la plus grande misère, pour avoir voulu jouer le même rôle en 1812.

Enfin, sous Louis XVIII et par les intrigues, dit-on, du rusé Decase, parut le procès du sabotier Mathurin Bruneau, qui fut jugé à Rouen vers 1818. Sauf erreur, l'avocat du roi de Rouen aurait dans un discours improvisé, avoué son incertitude sur l'évasion de Louis XVII, tout en accusant cet imposteur maladroit et non moins mal appris, qui était poussé à jouer un rôle si chanceux et qu'il ne put soutenir longtemps, et qui fut aussi condamné à une longue détention.

Que prouvent, en résumé, cette kyrielle de faux dauphins qu'on pourrait encore citer ; pense-t-on que cela prouve l'existence d'un vrai dauphin? que prouve une vague probabilité là où il faut des certitudes? Ce

qu'il y a de malheureux pour l'ex-baron de Richemont, c'est qu'il n'a pas beaucoup de ressemblance,
quant aux traits du visage, avec le jeune duc de Normandie qui fut enfermé à la tour du Temple avec sa
famille en 1793.

Mais ce qu'il y a de plus en sa défaveur, c'est que
tous les témoignages qu'il invoque sont, je crois,
basés sur des certificats de personnes mortes ; il n'en
produit pas un émanant d'une notabilité encore vi-
vante. Si la duchesse d'Angoulême ne le reconnaît
pas, ni les autres membres épars de ses serviteurs,
ni enfin tous ses autres parents, il lui sera impossible,
humainement parlant, de se faire reconnaître du
reste de la France. Certes, si le baron de Richemont
est vraiment le fils de Louis XVI, Dieu qui l'aurait
conservé si miraculeusement jusqu'à ce jour, ferait
plutôt un miracle en sa faveur pour lui faire rendre
la justice qui lui appartient de droit.

En attendant : *Fiat lux.*

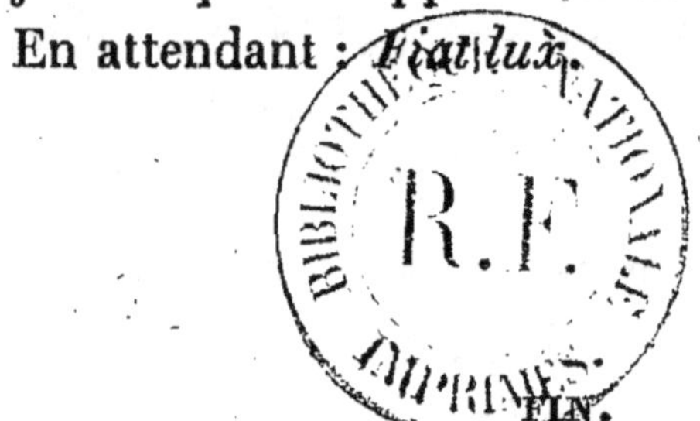

FIN.

9 782012 484559